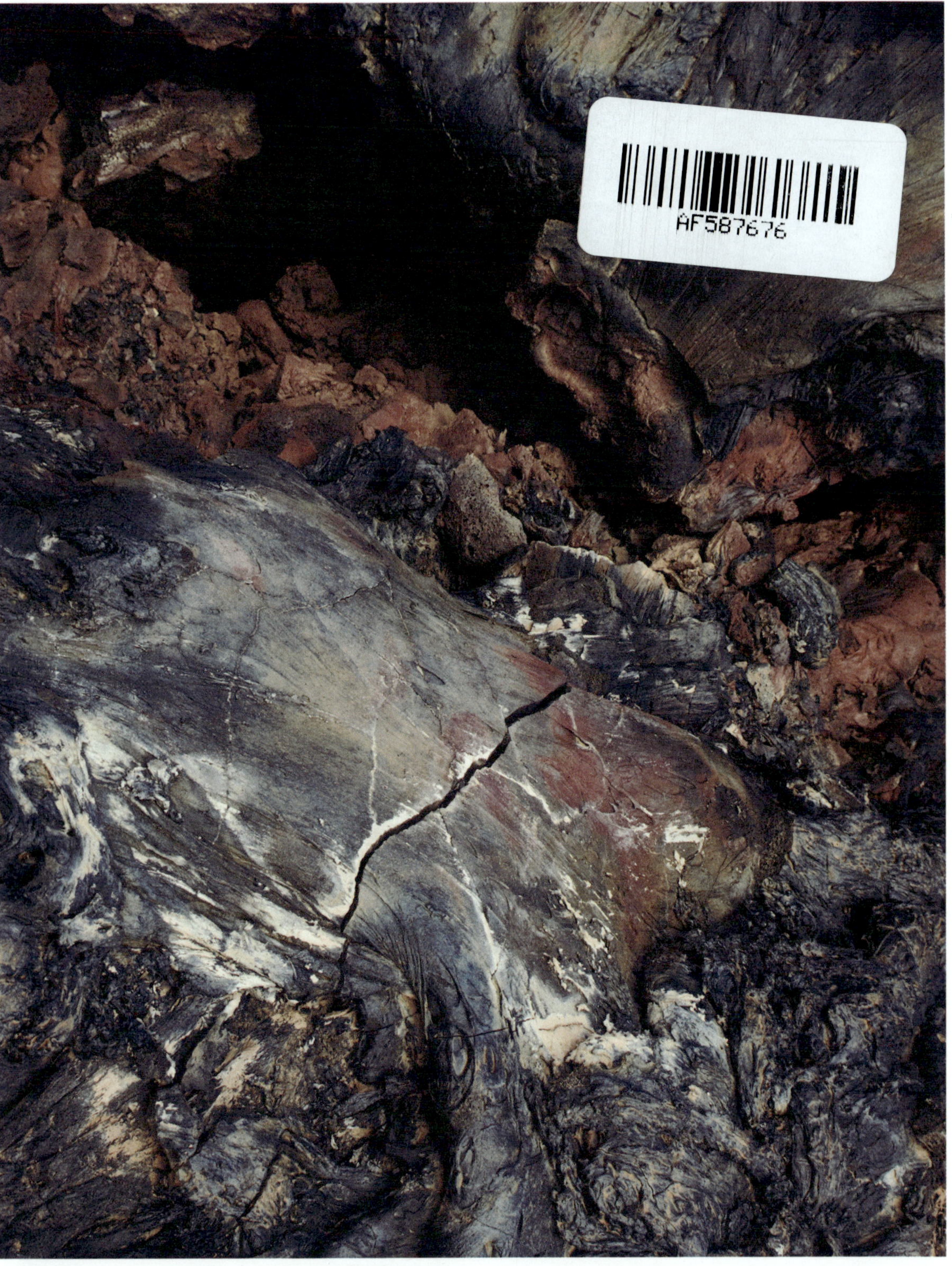

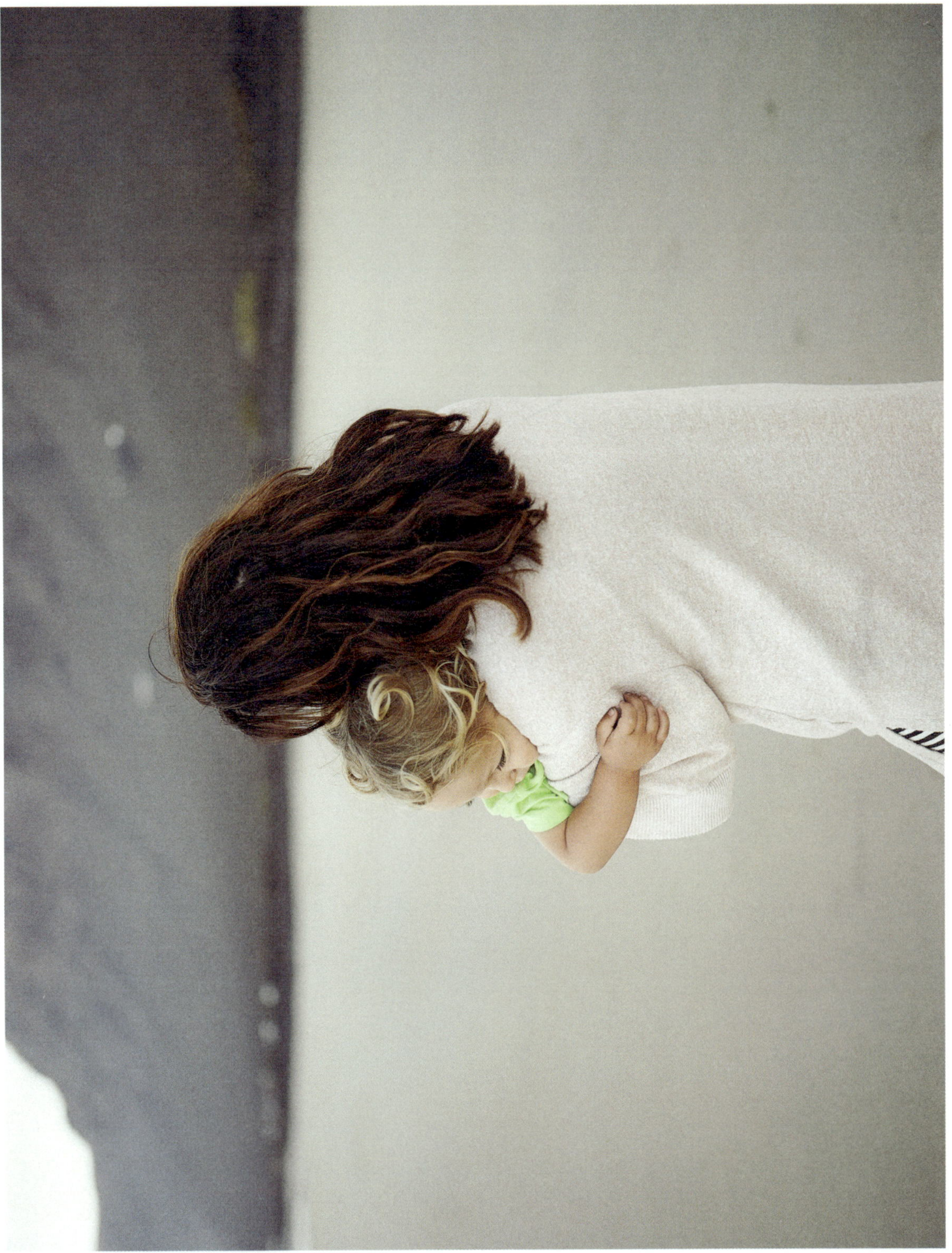

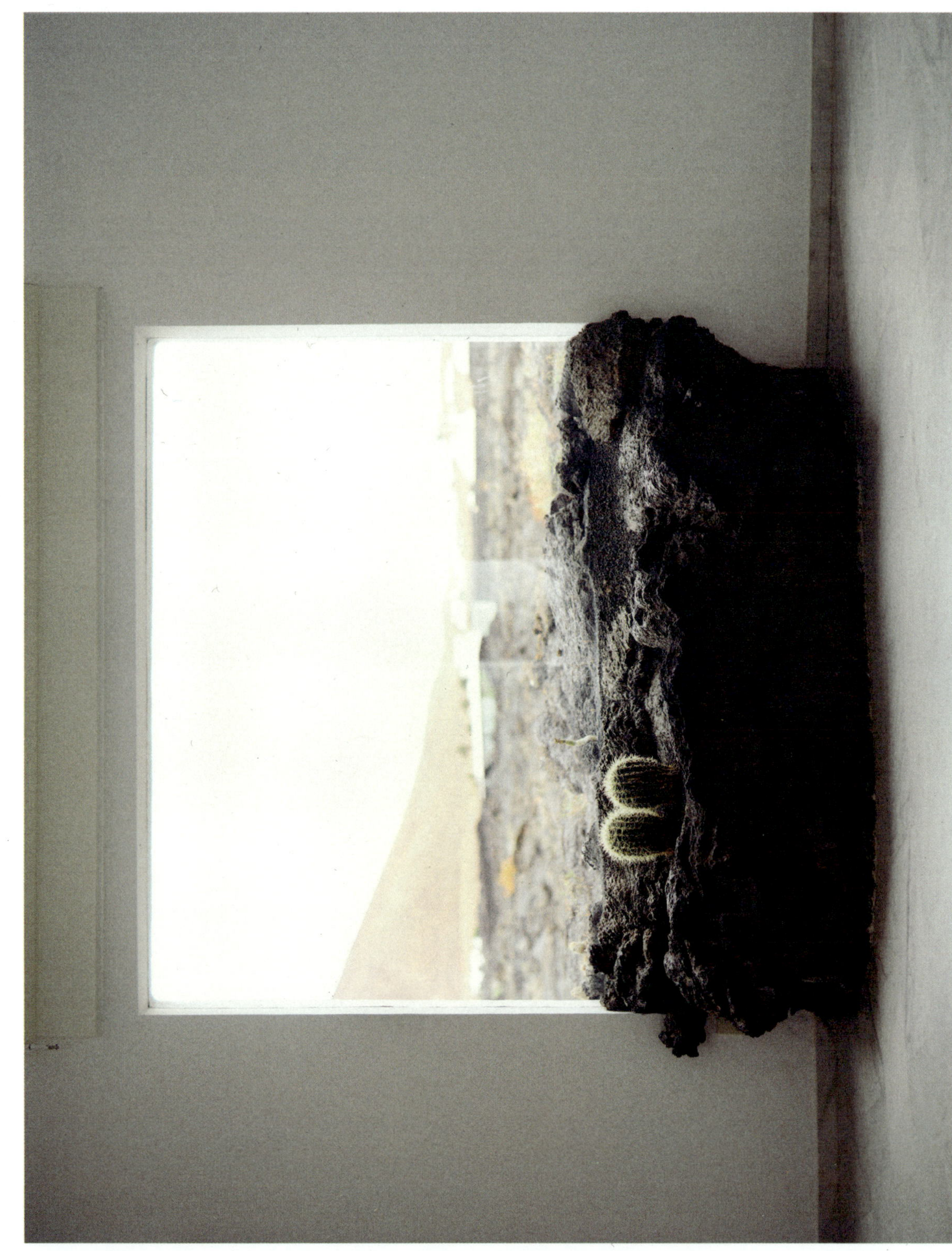

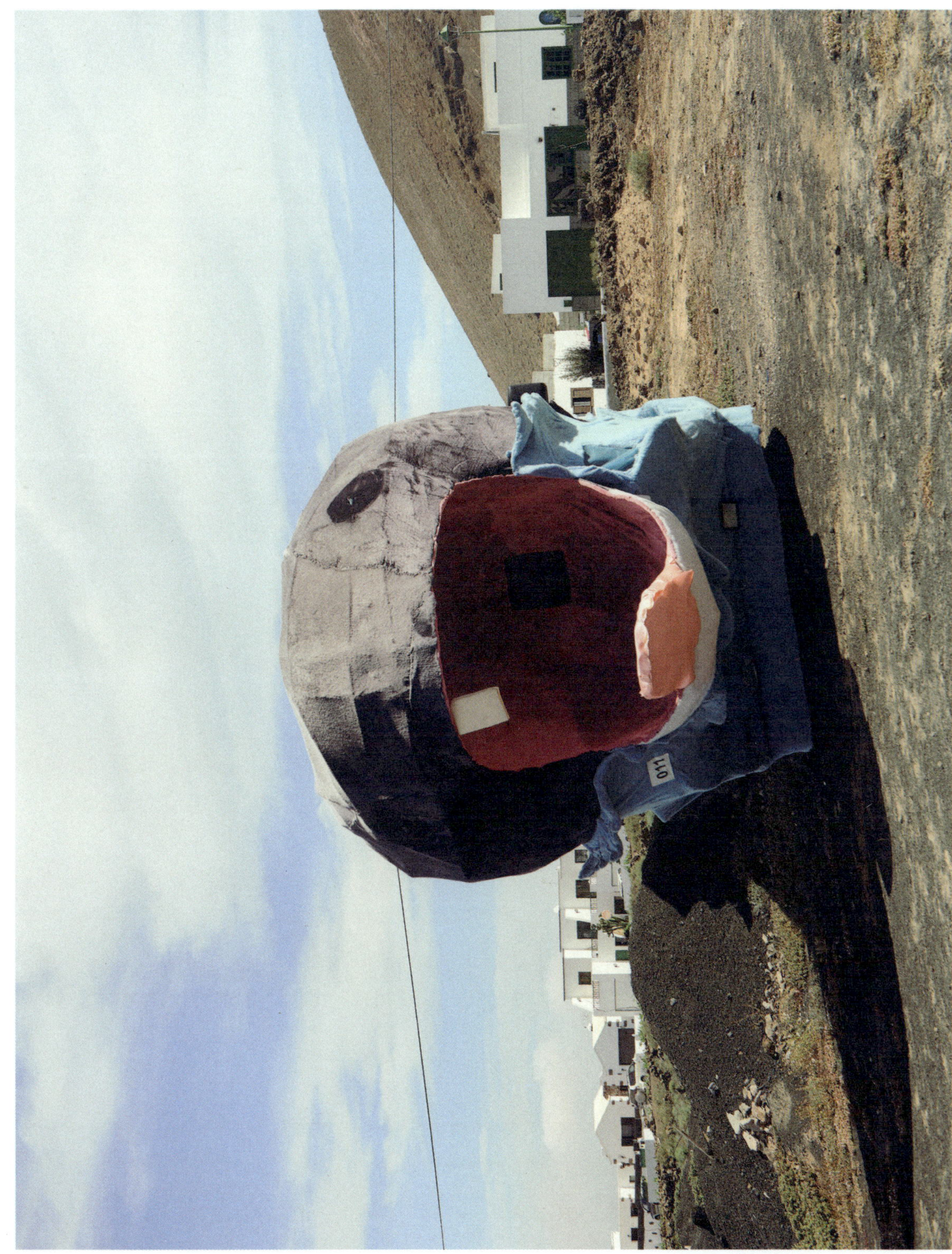

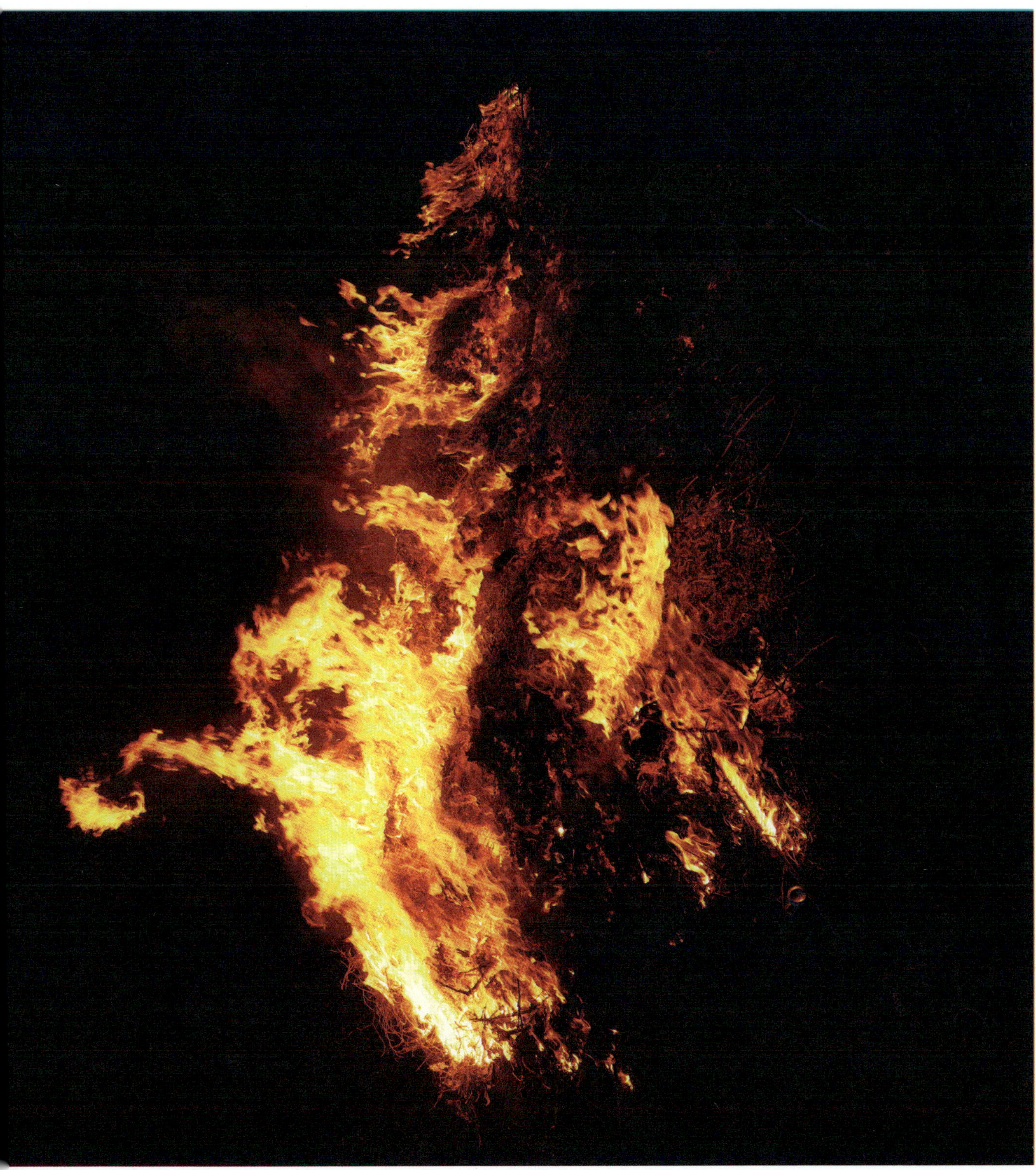

Malpéis

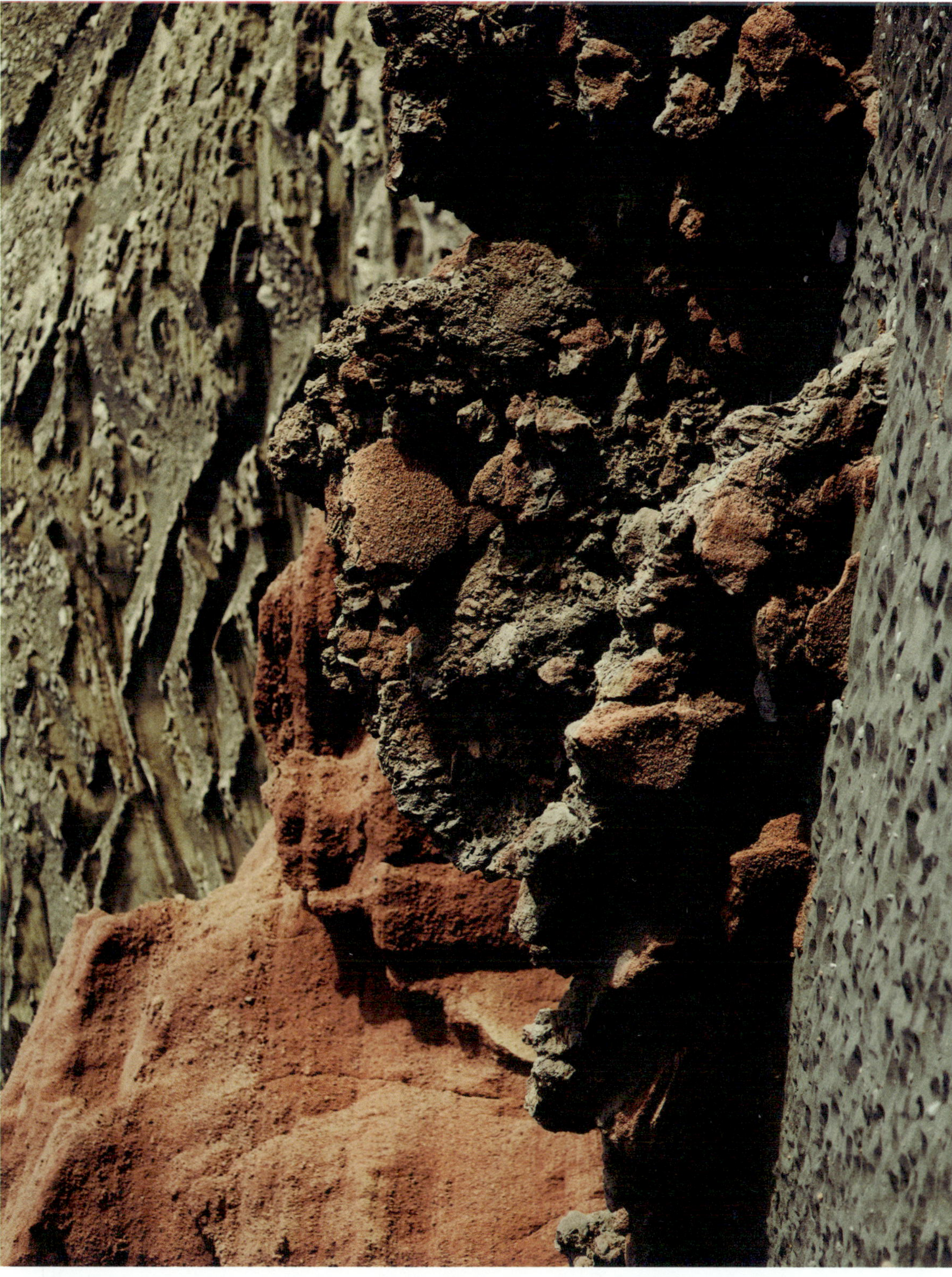

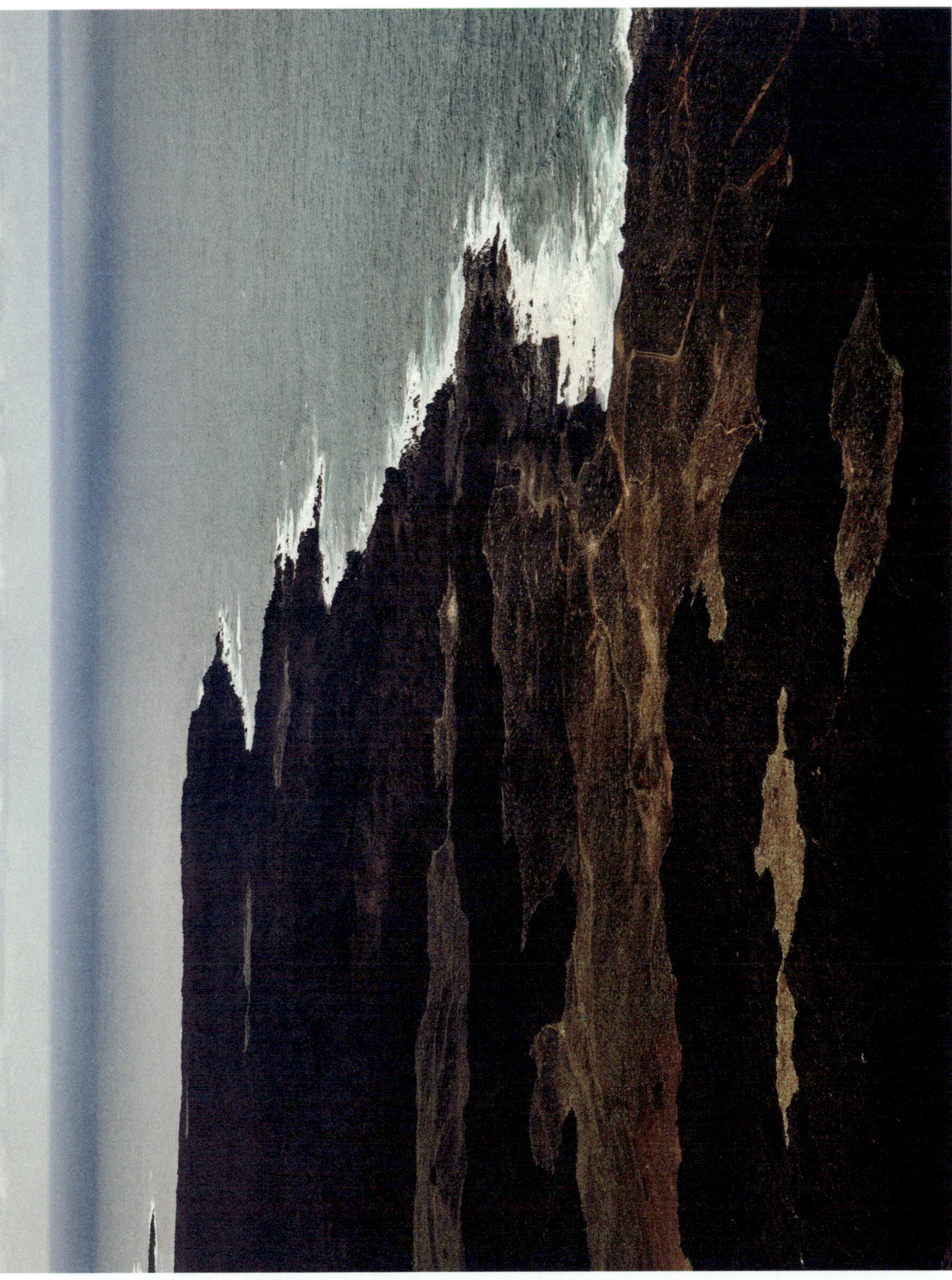

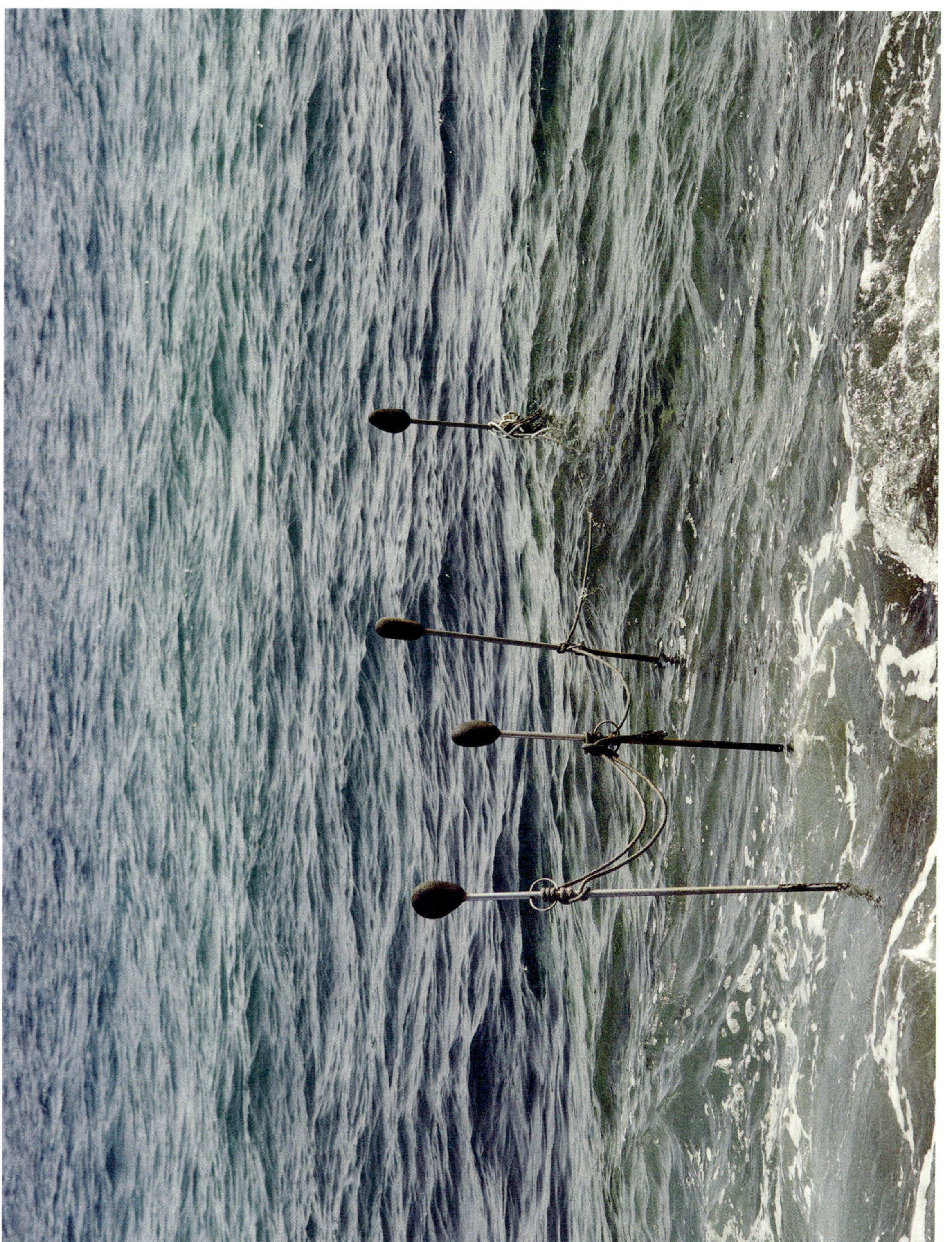

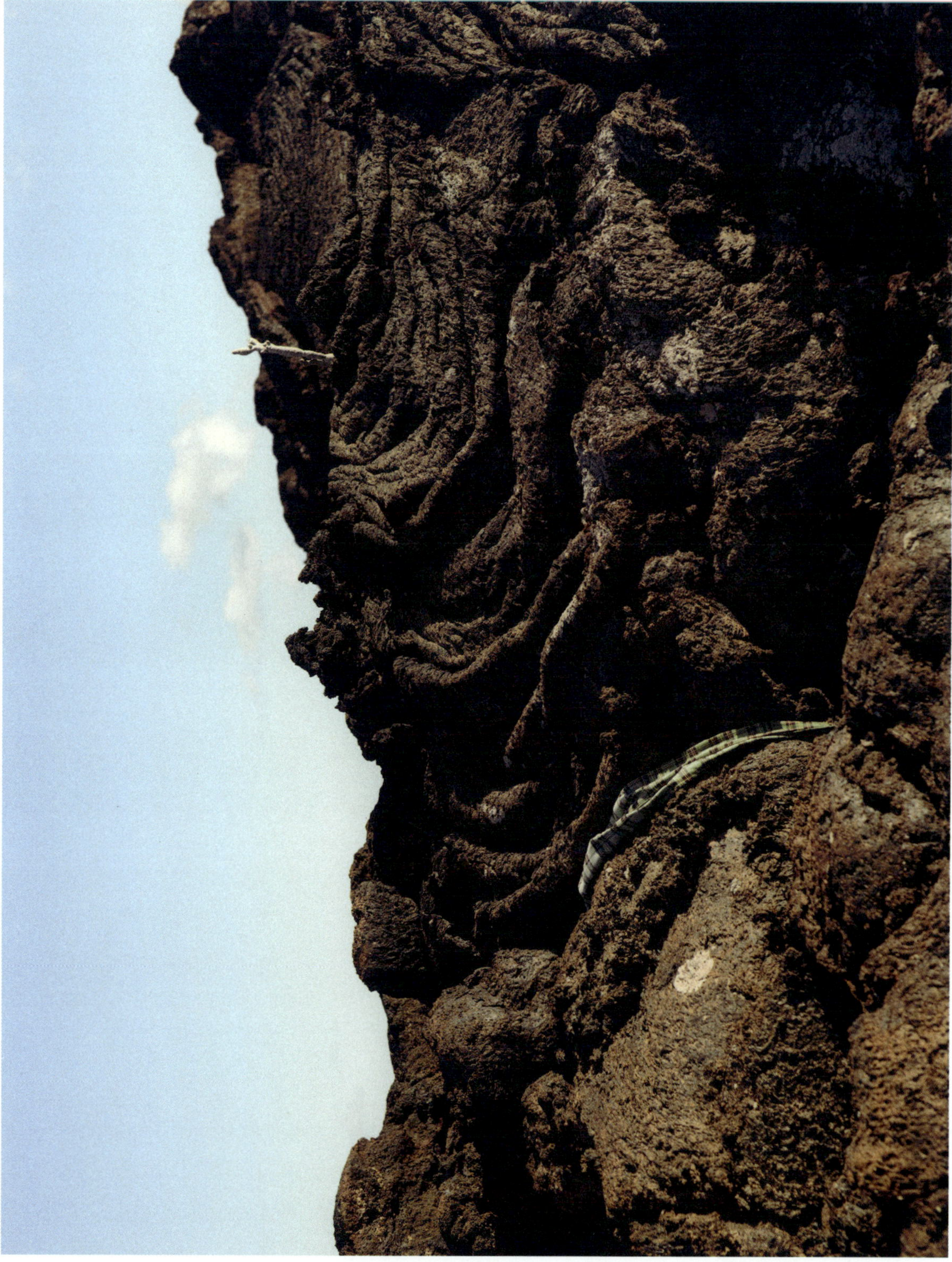

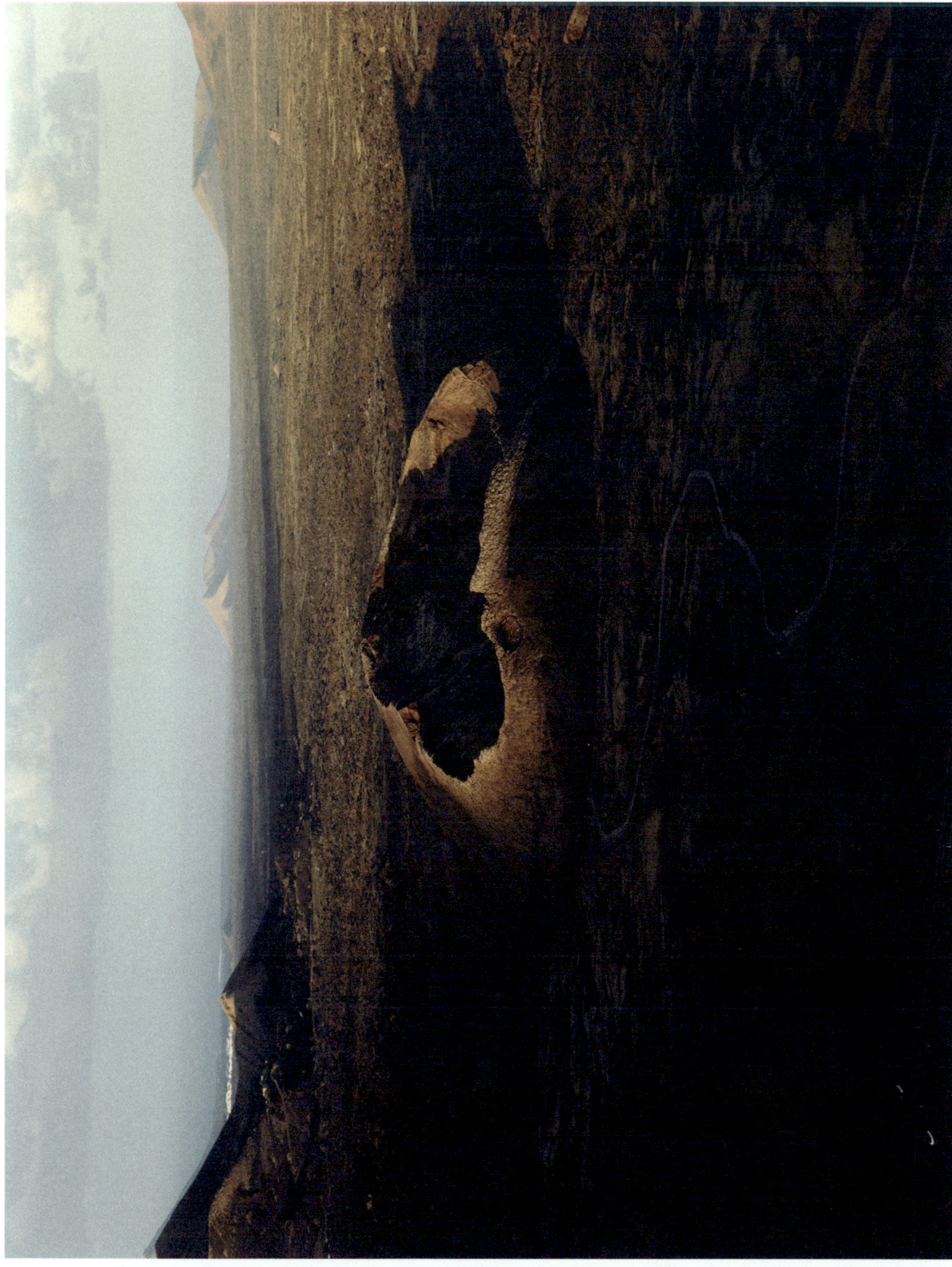

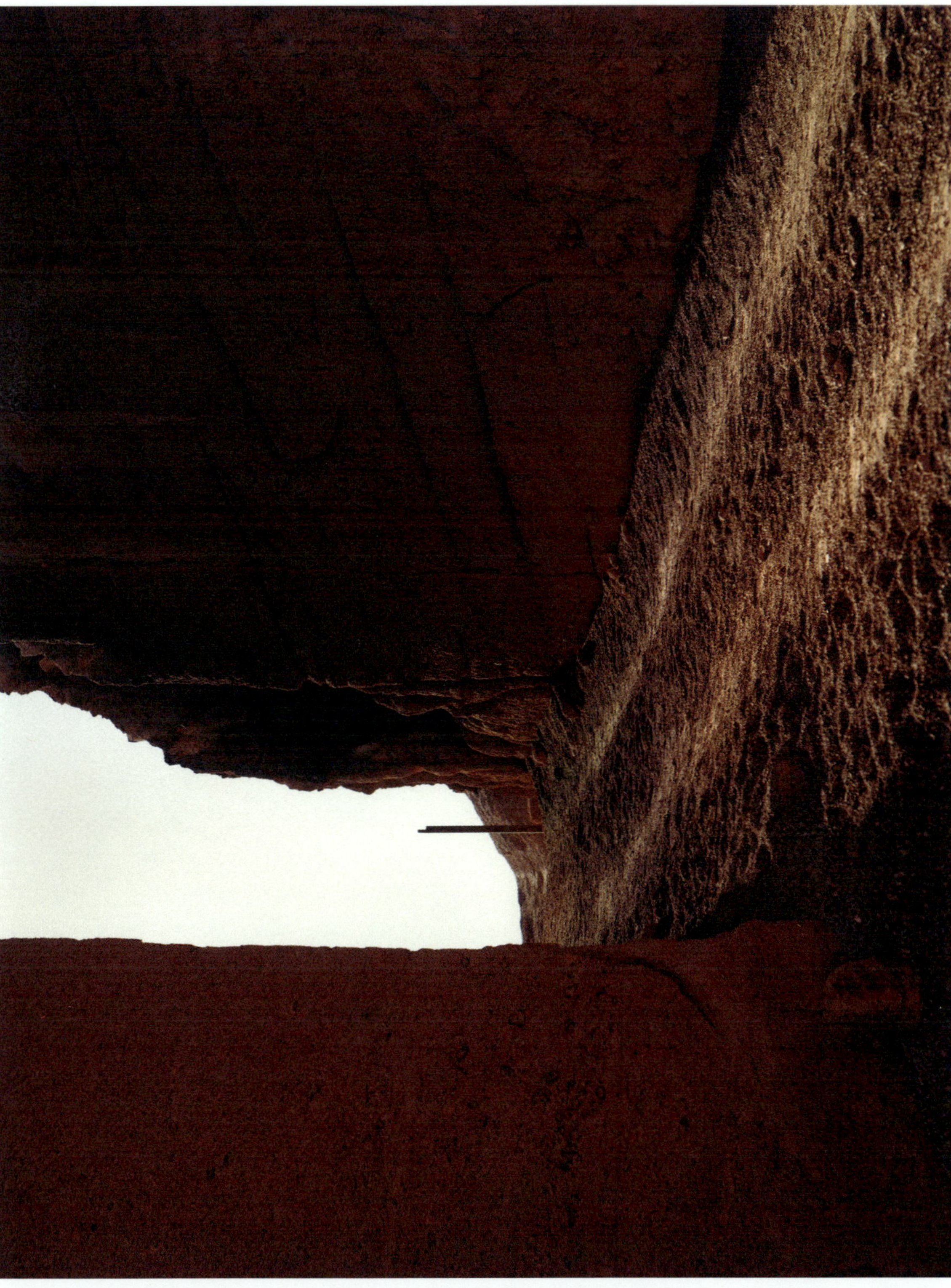

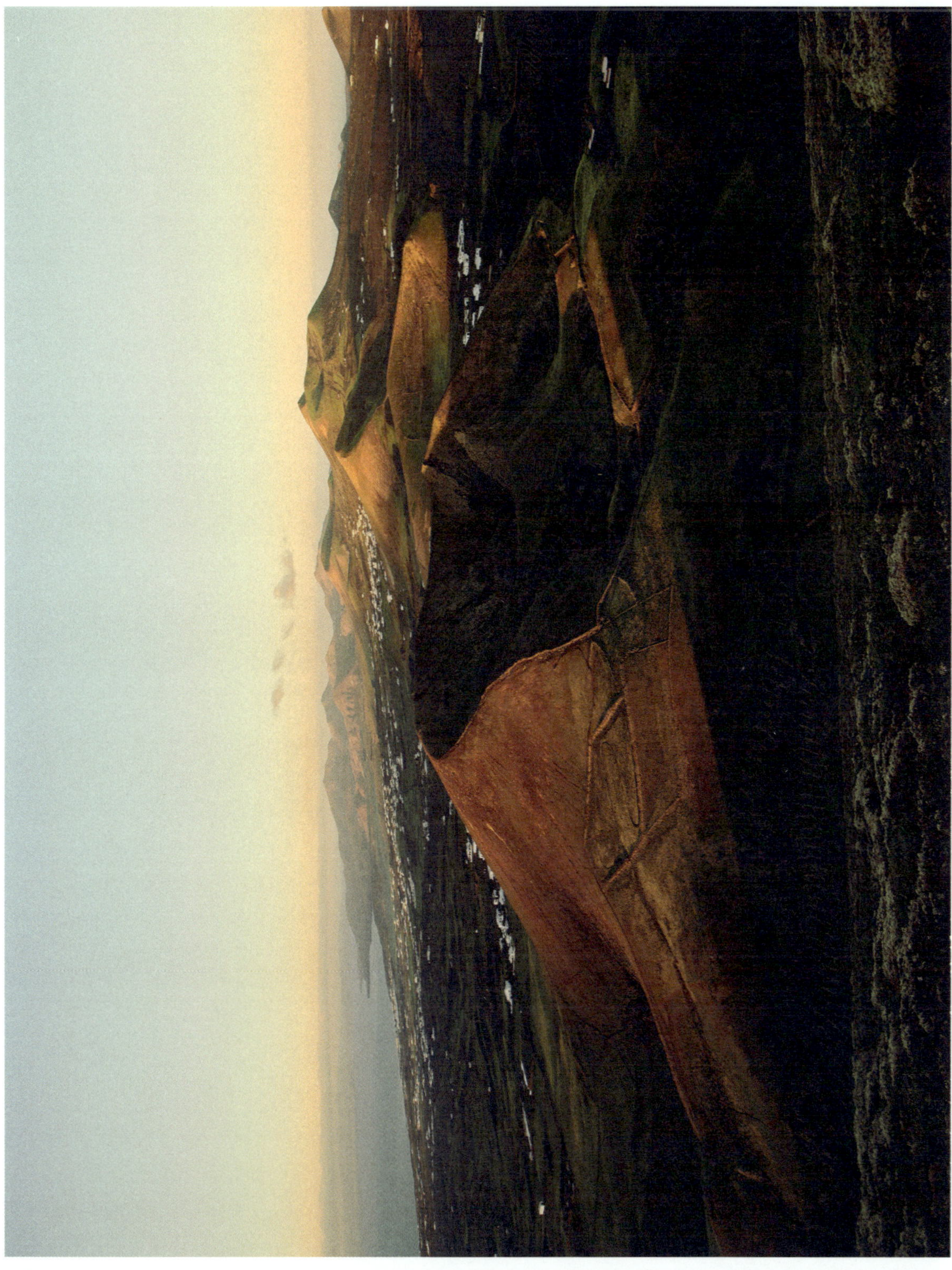

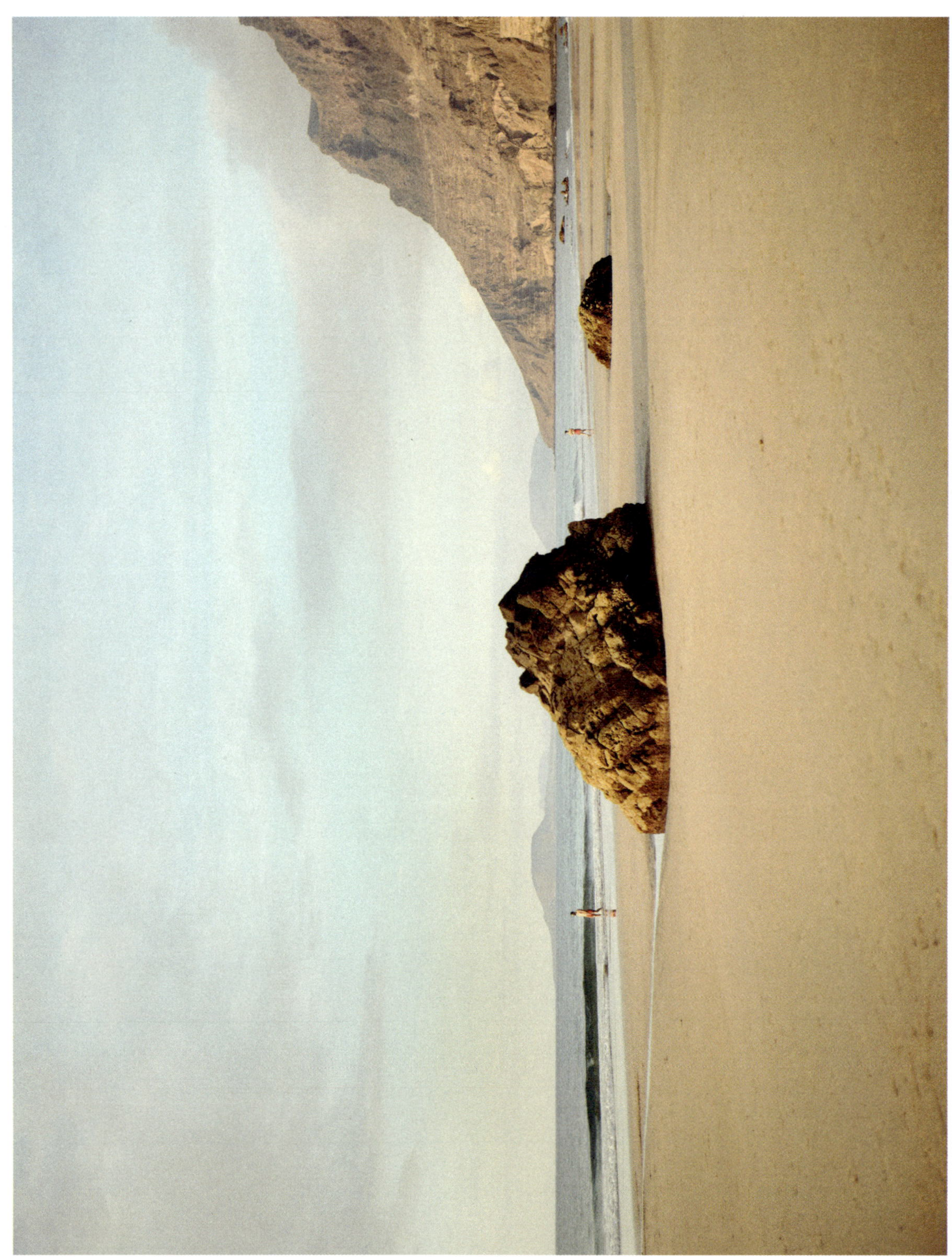

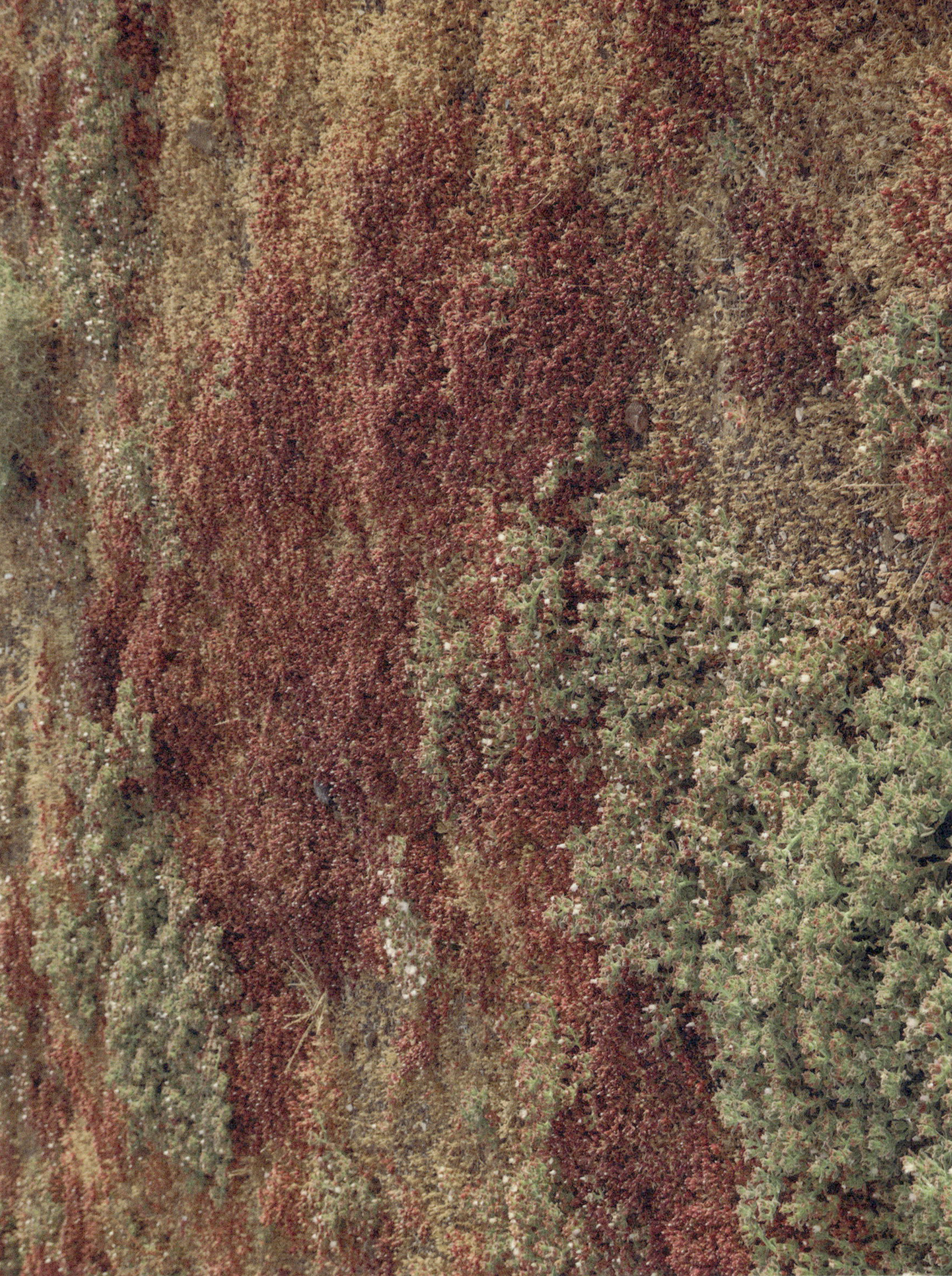

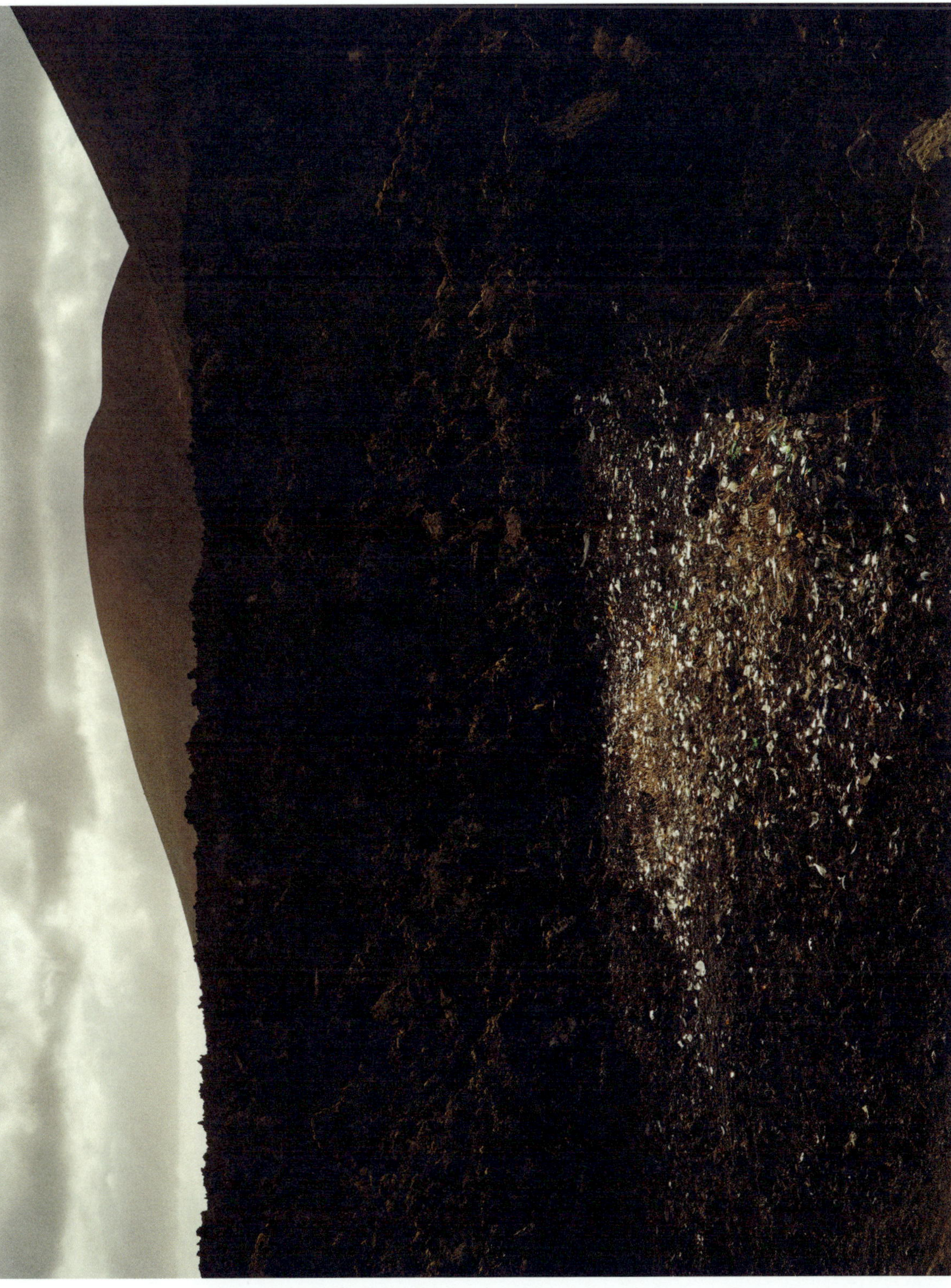

Magua

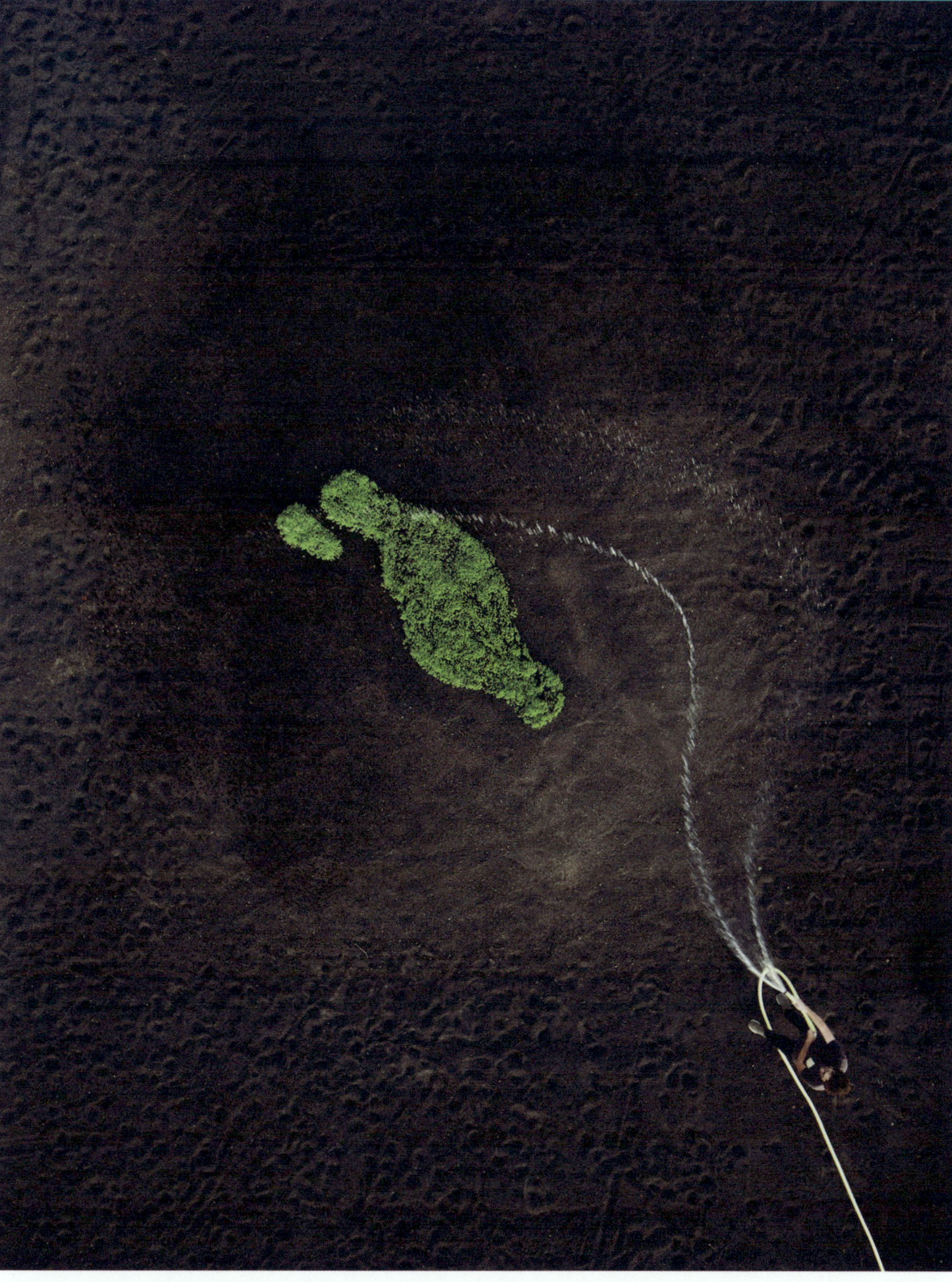

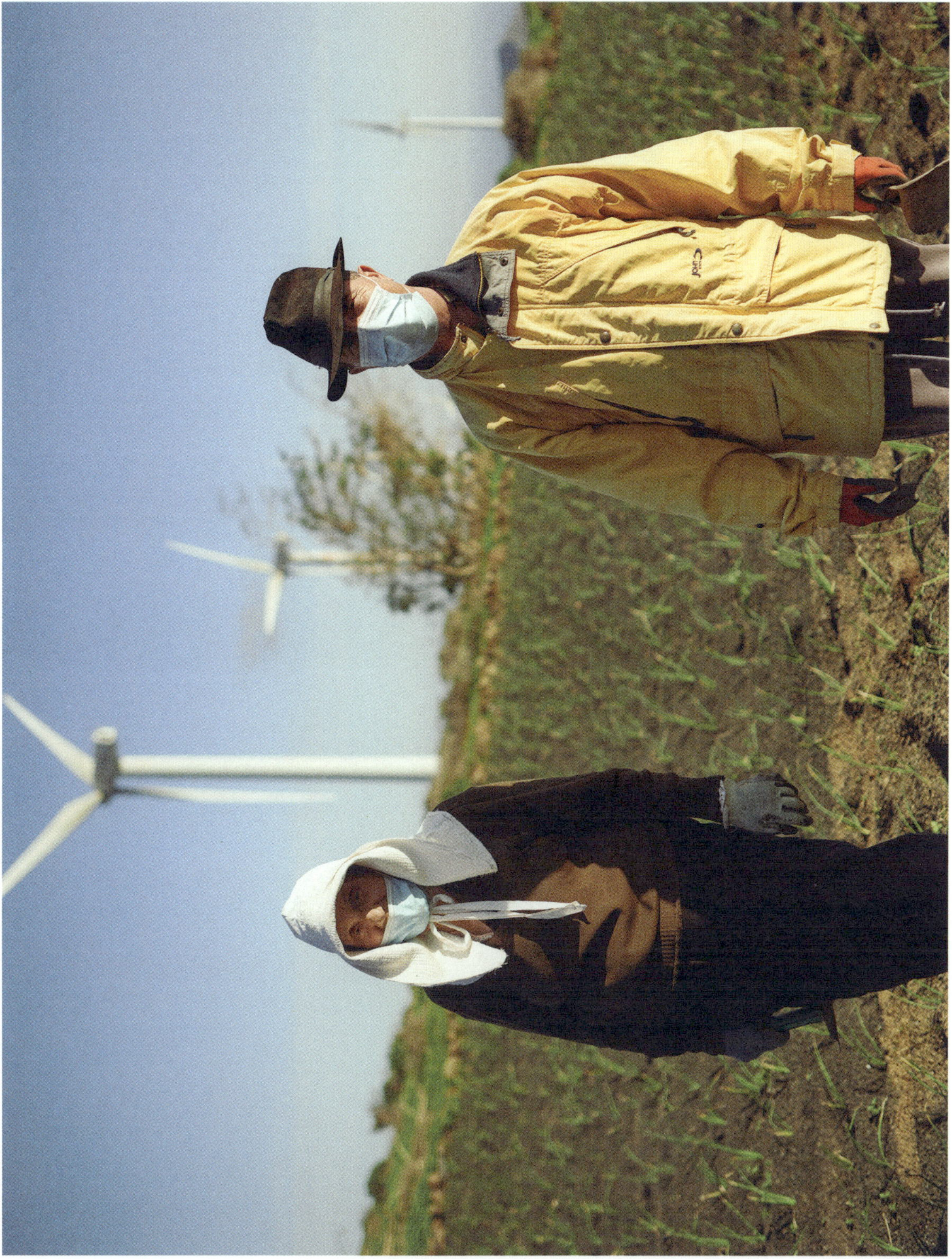

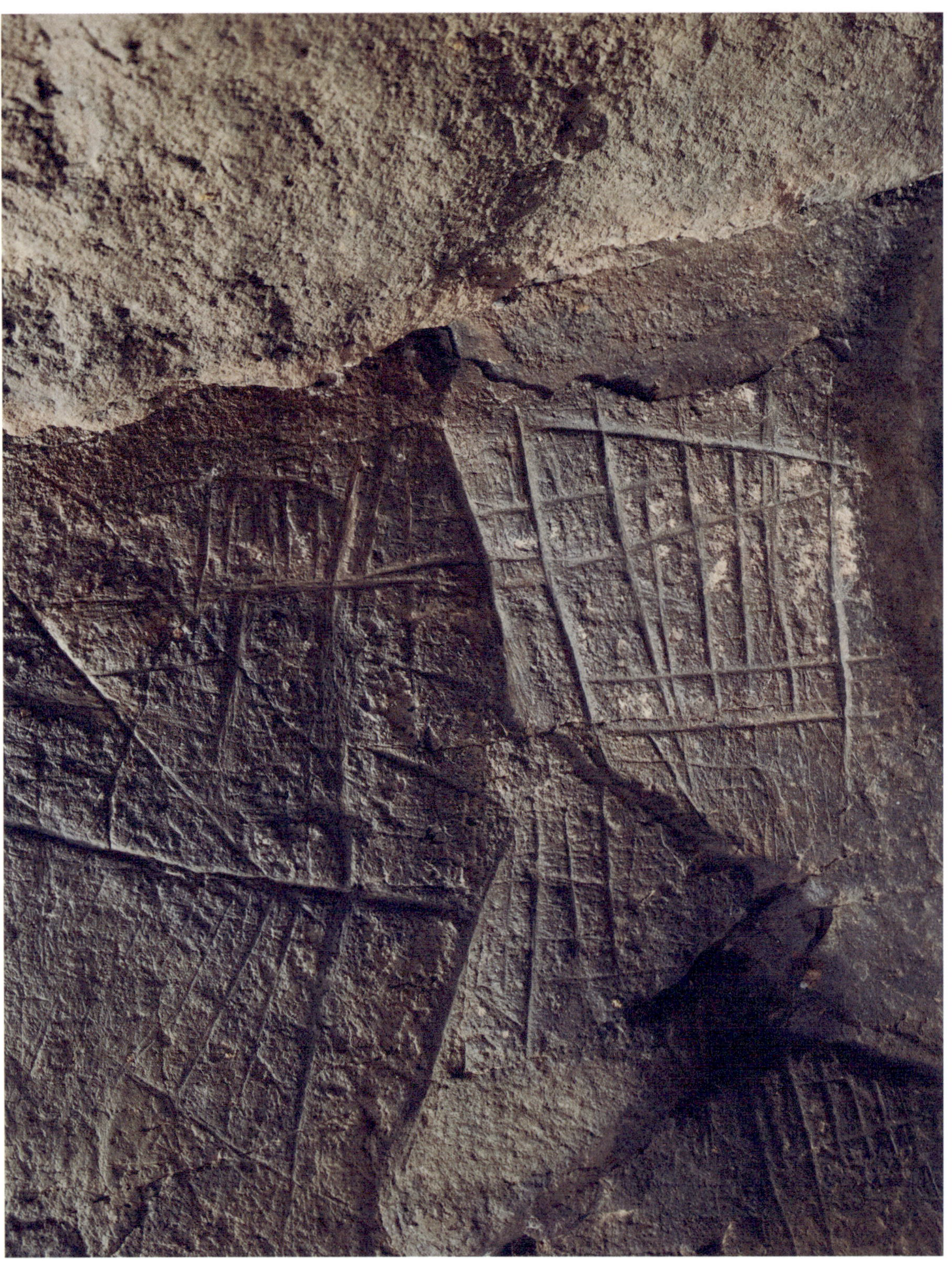

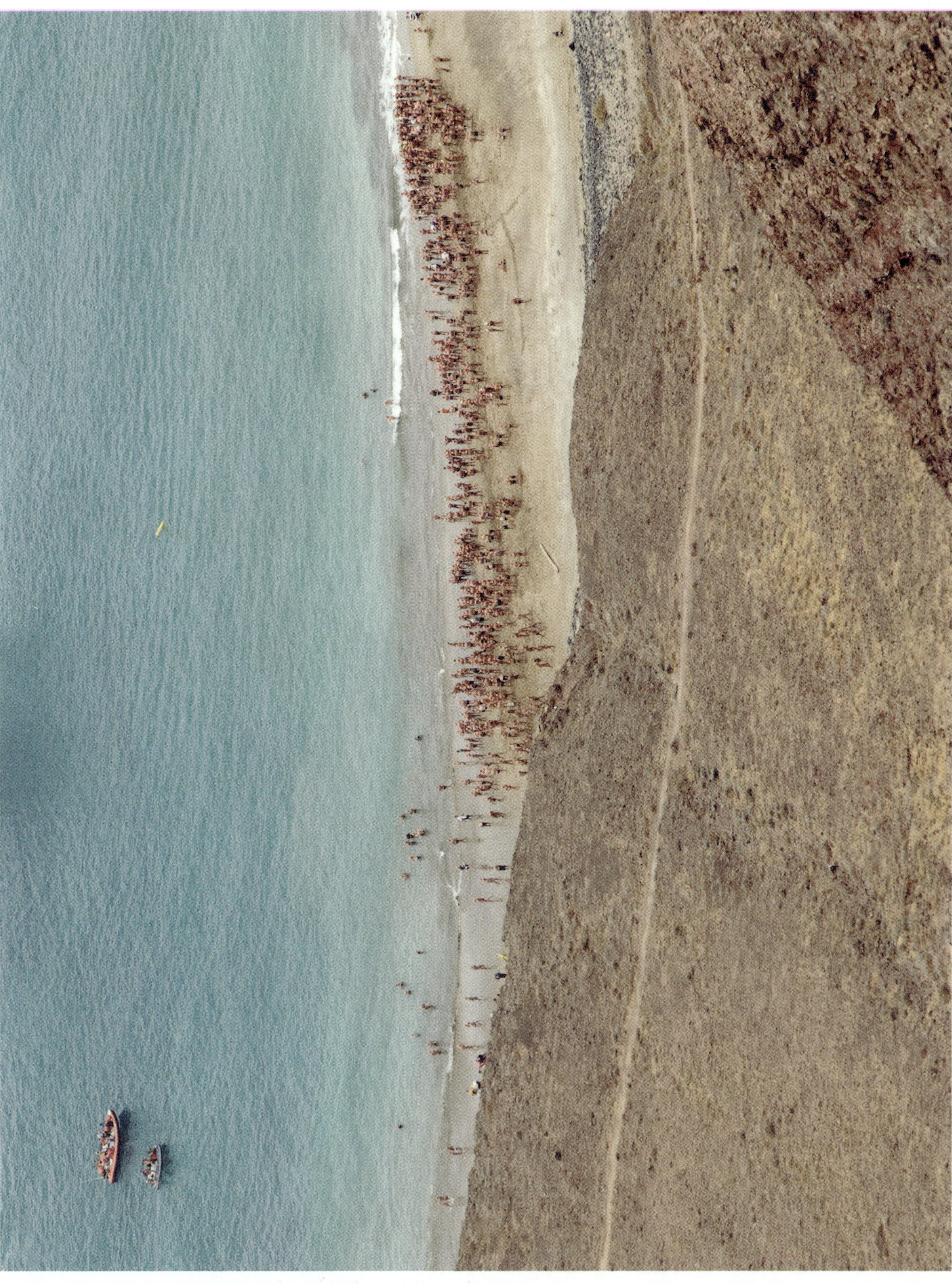

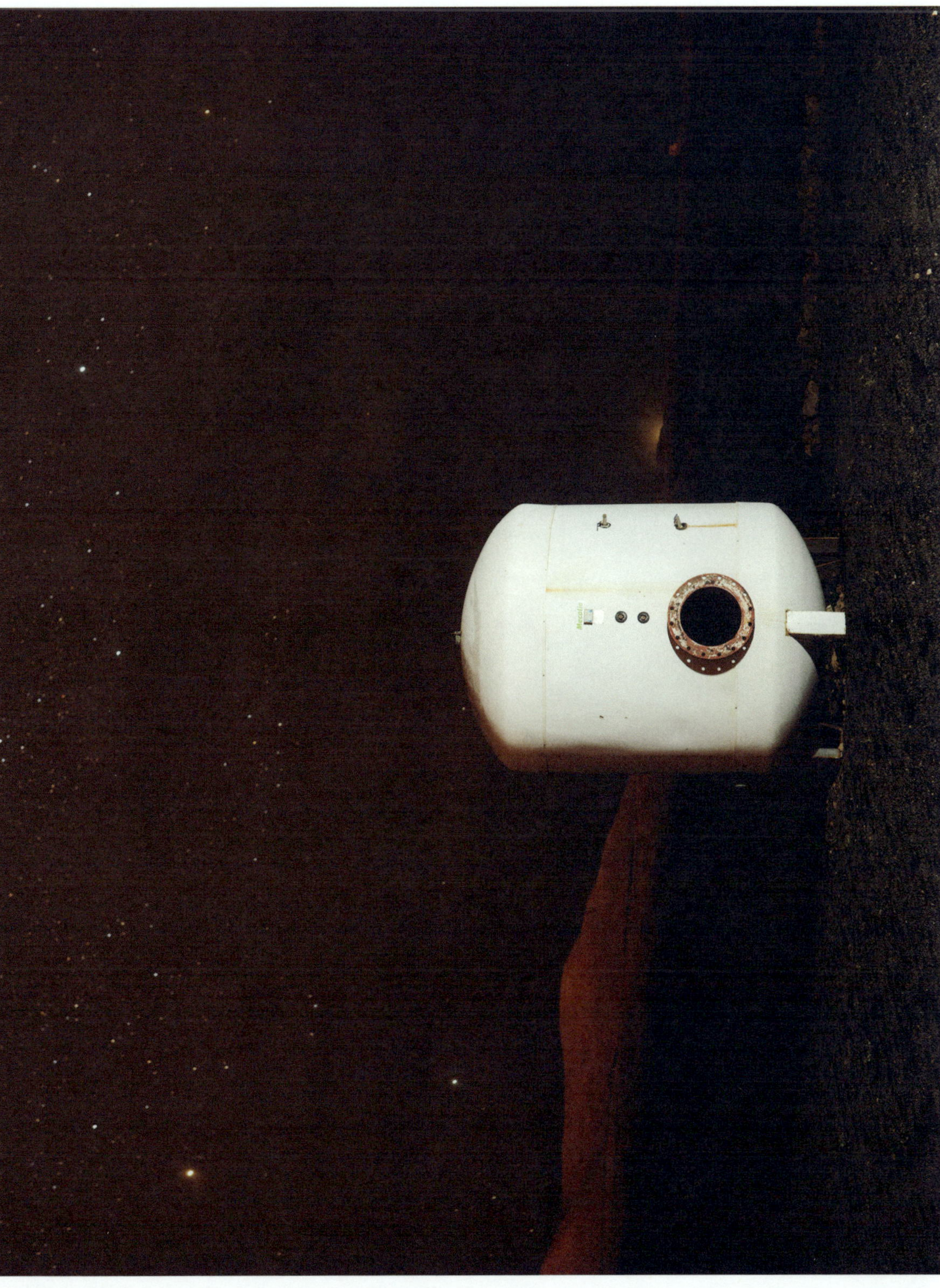

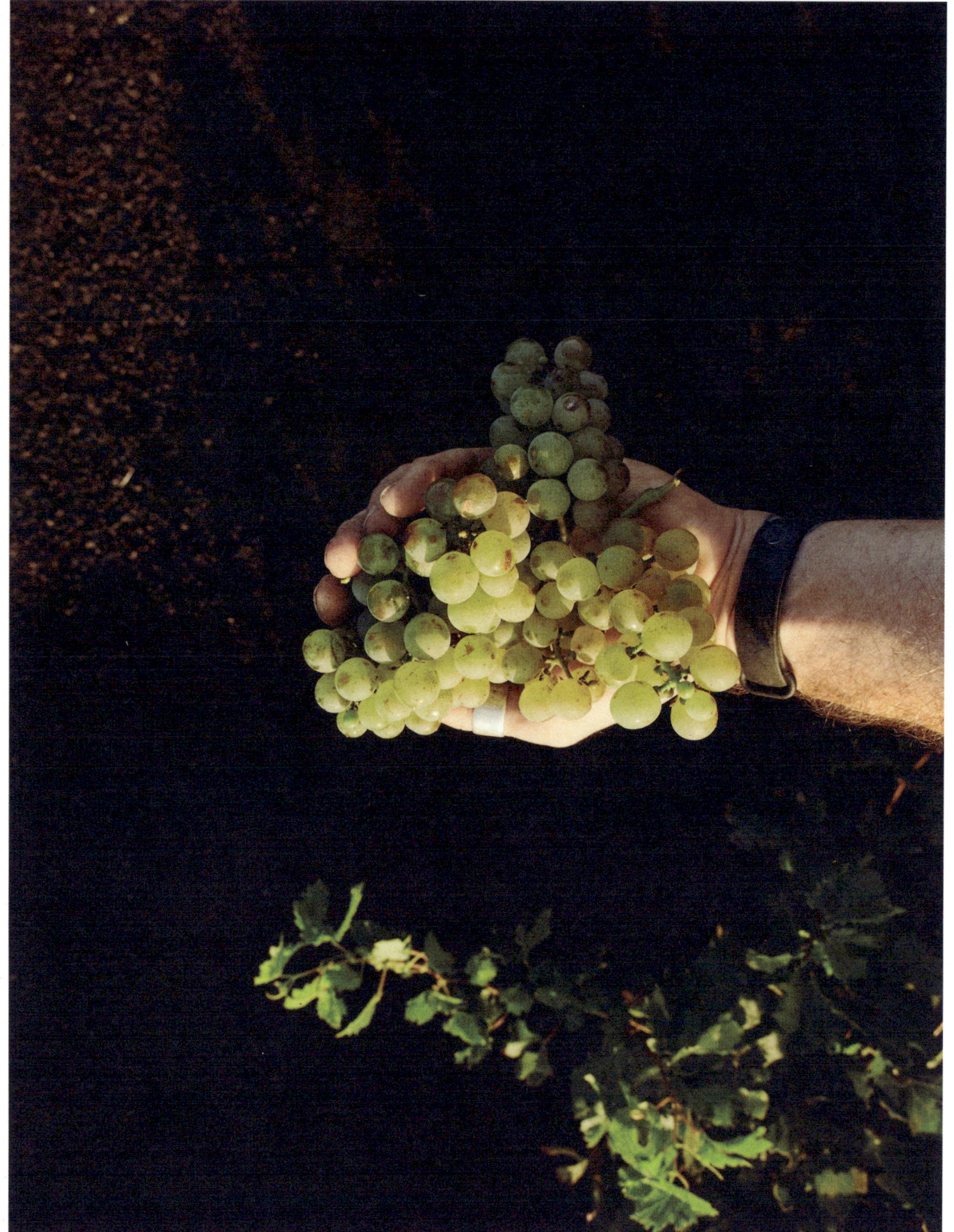

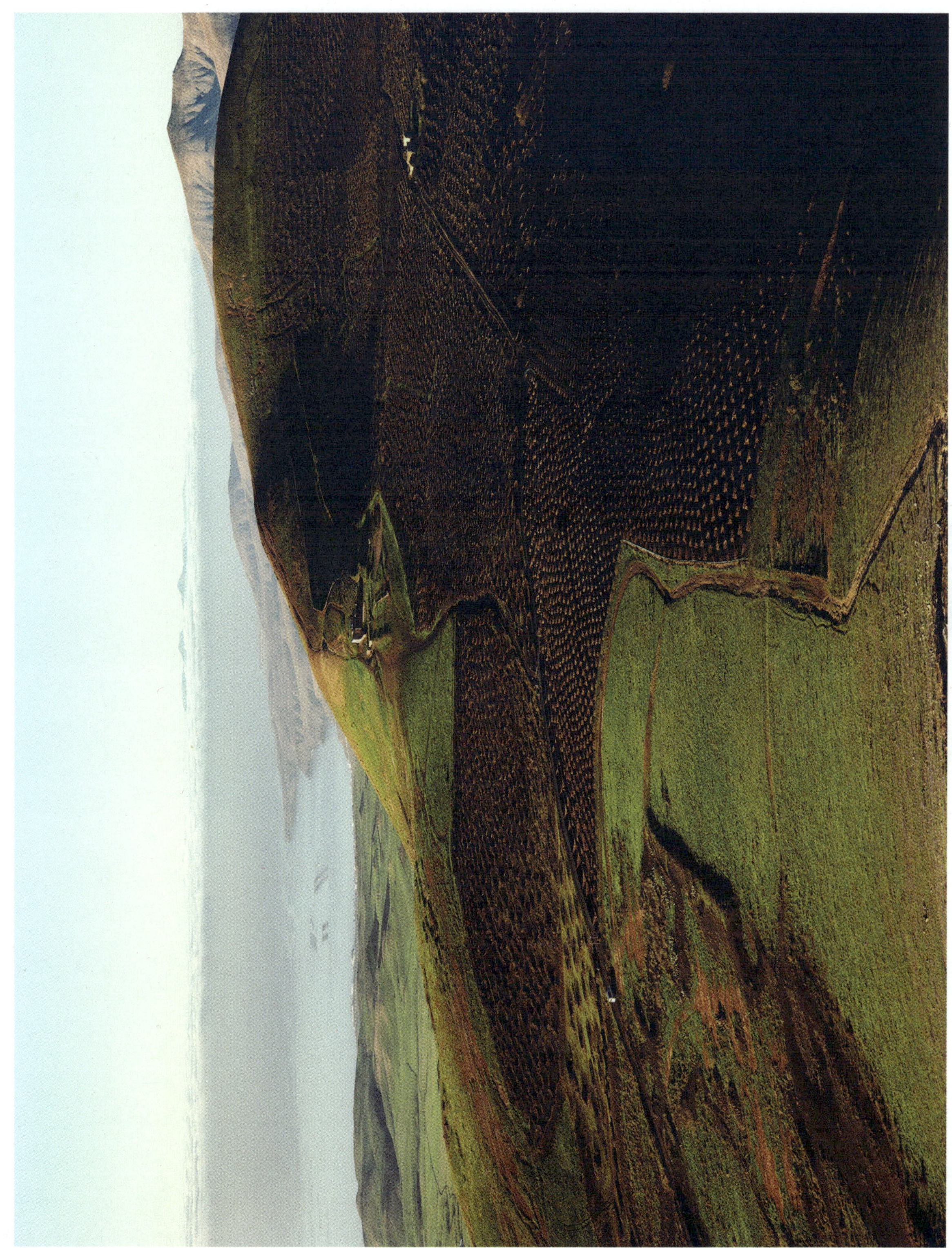

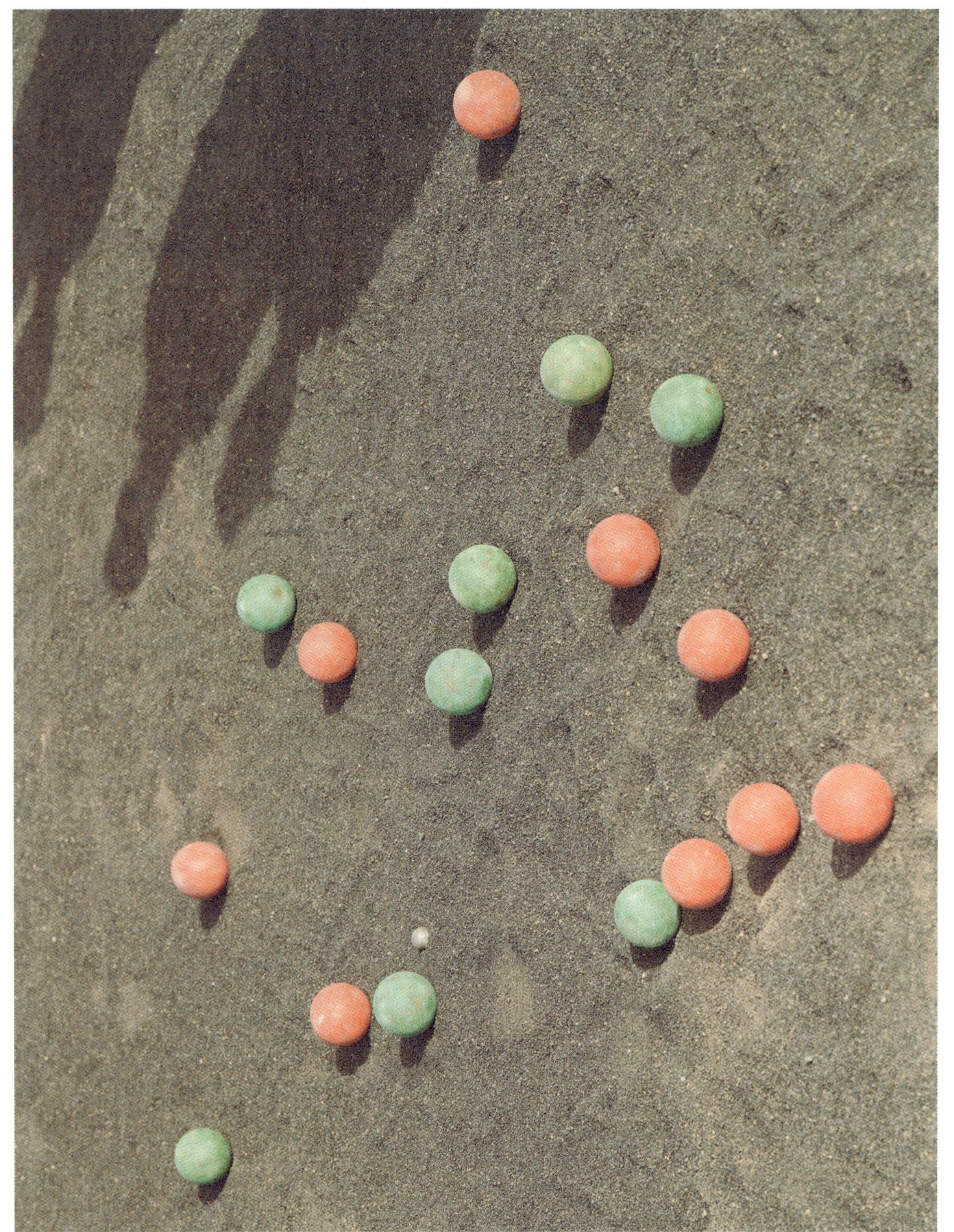

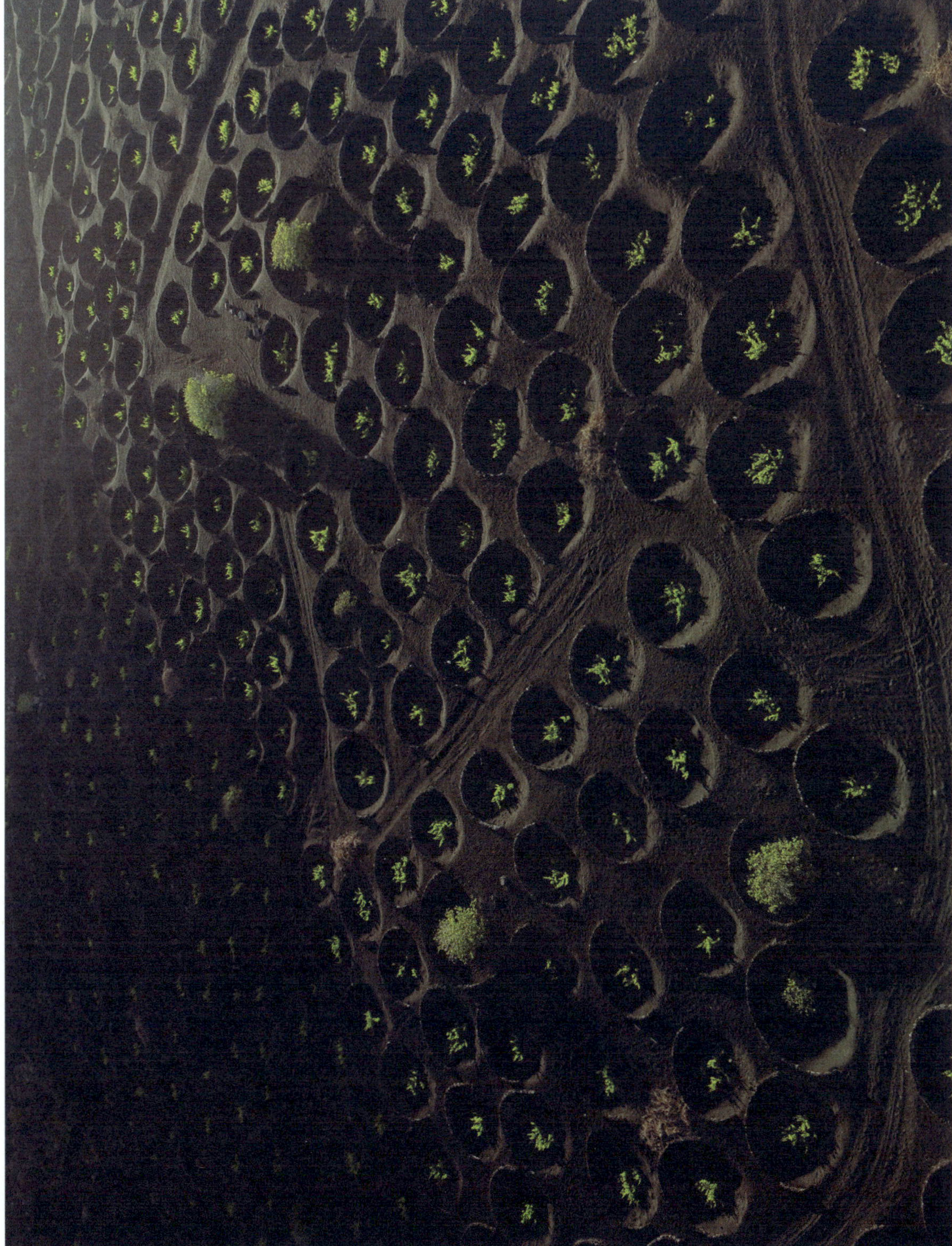

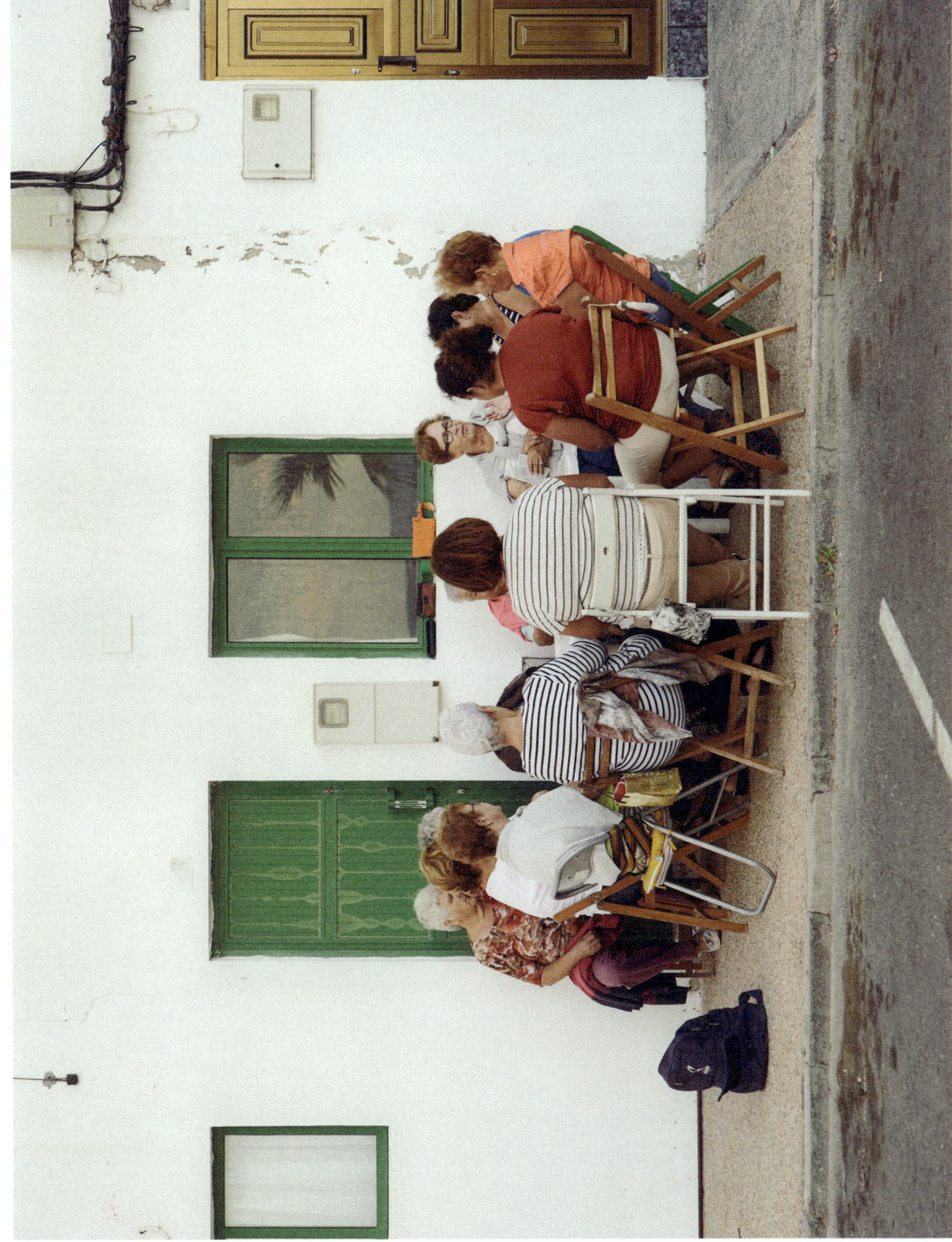

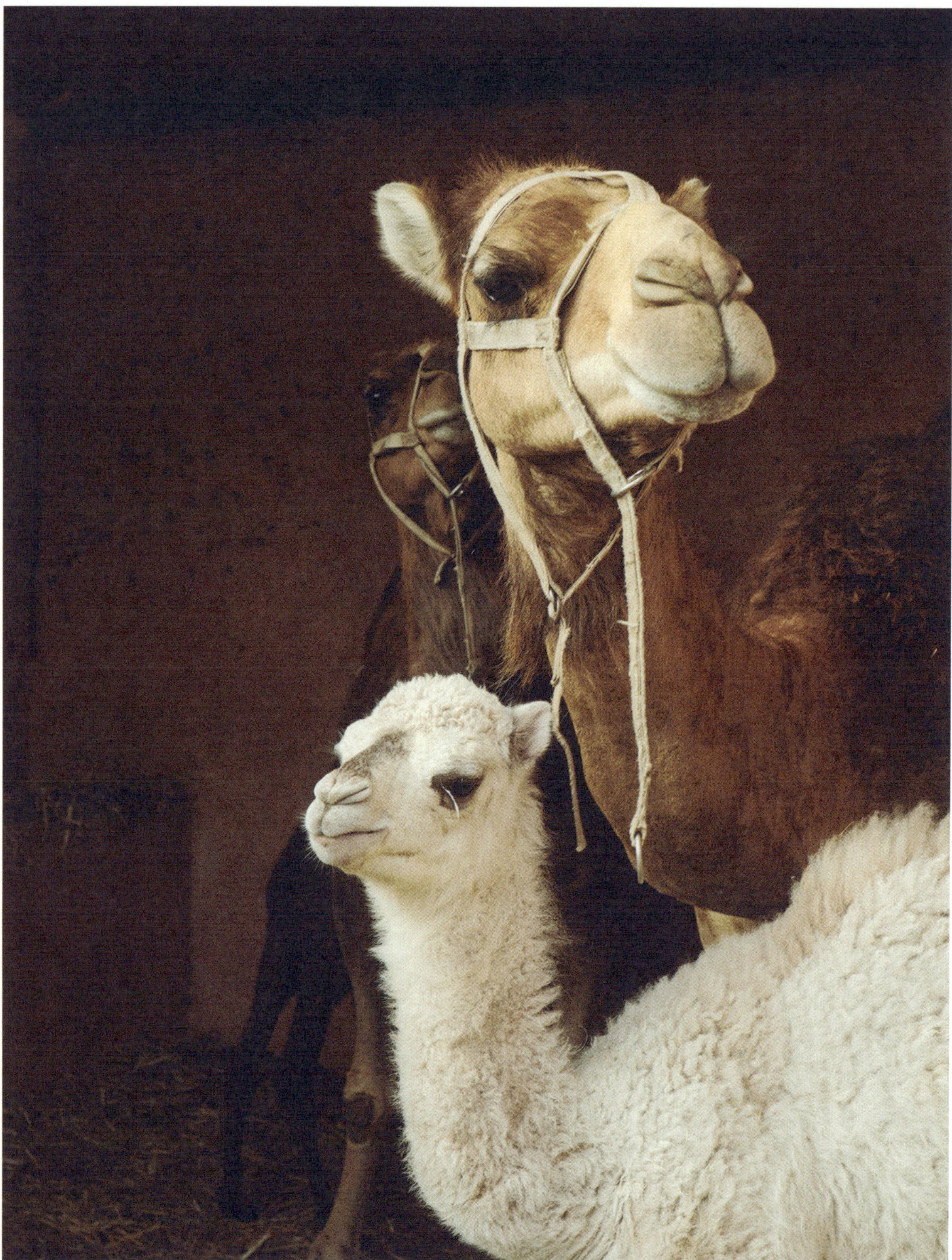

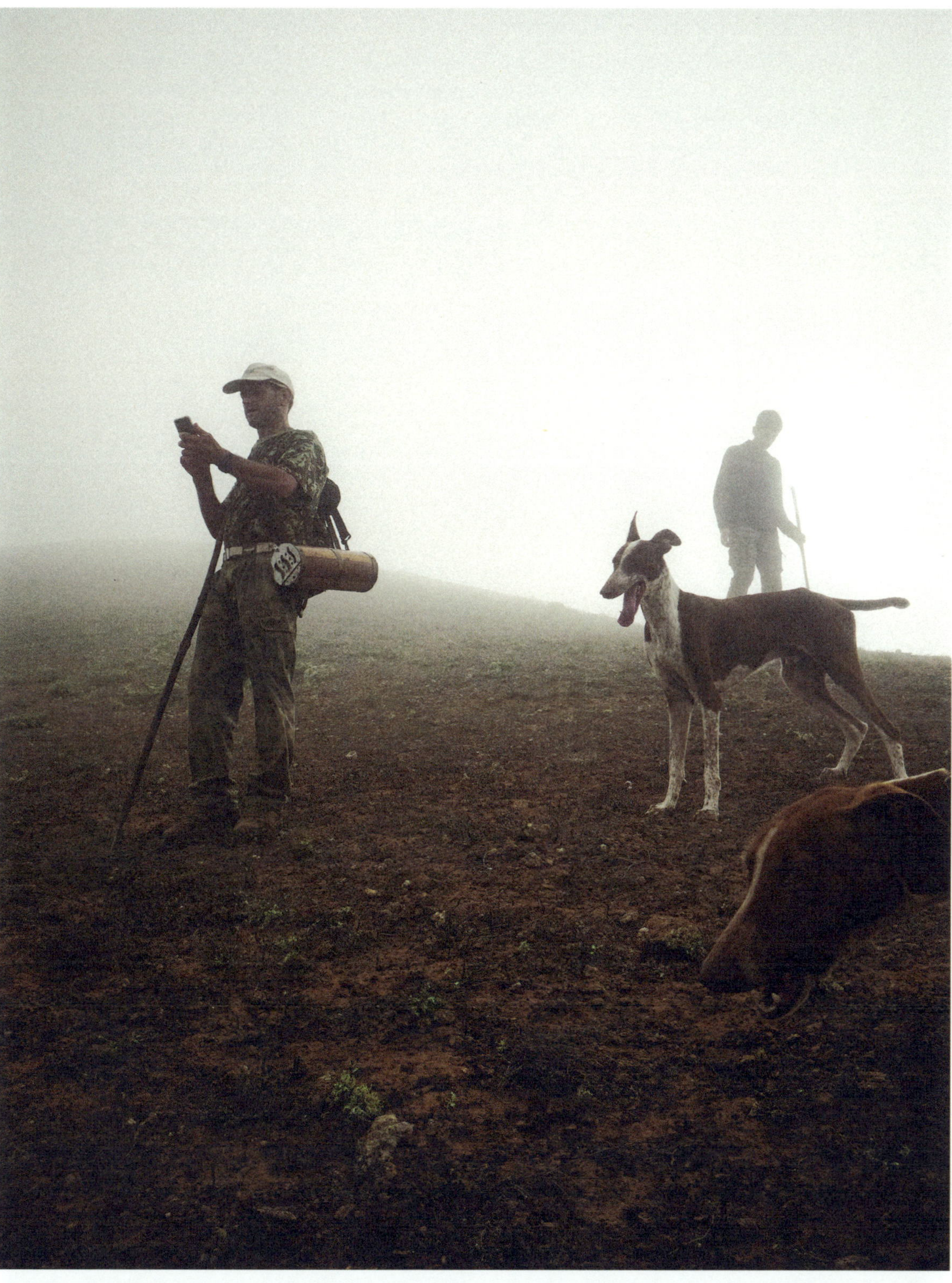

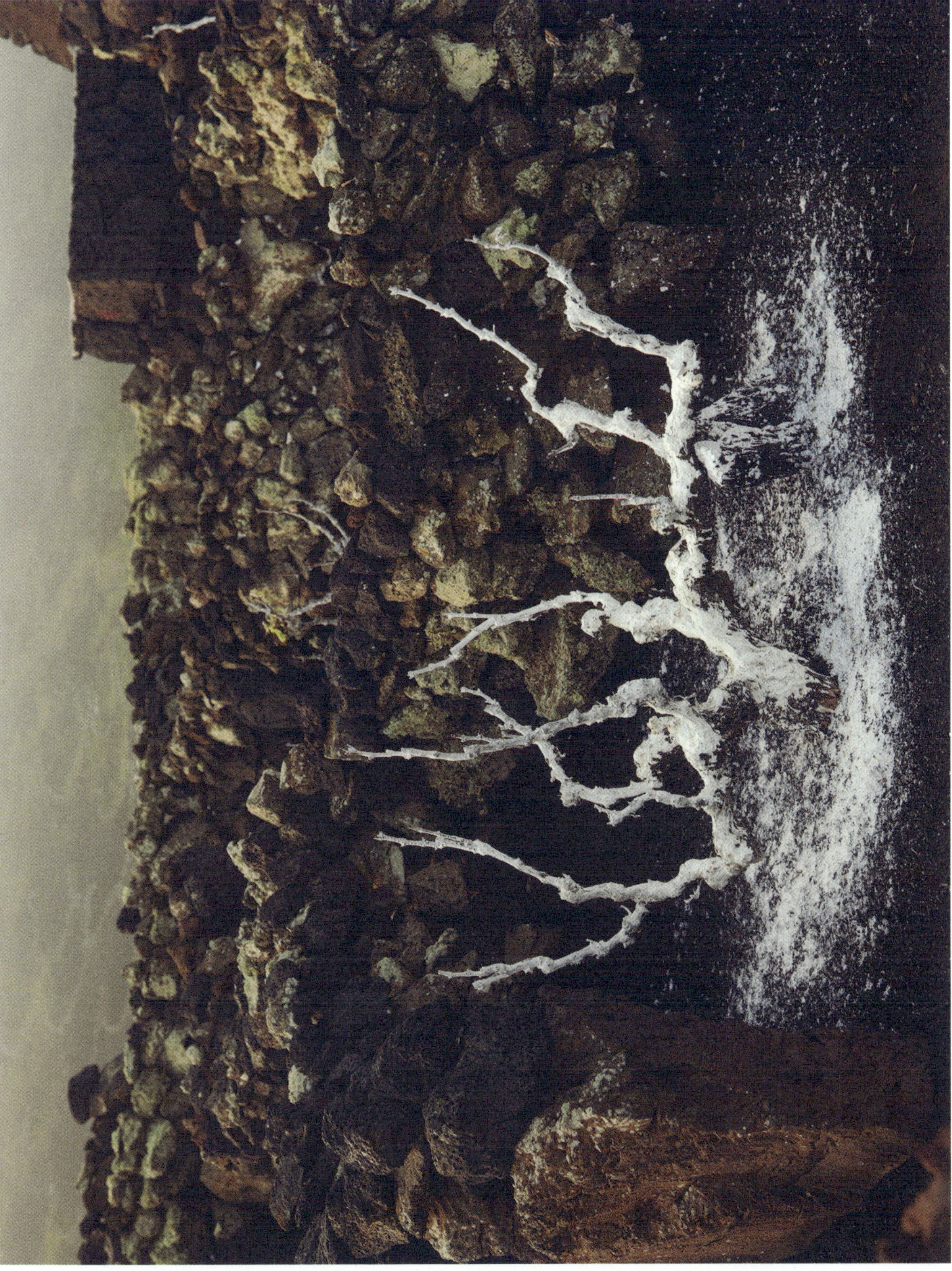

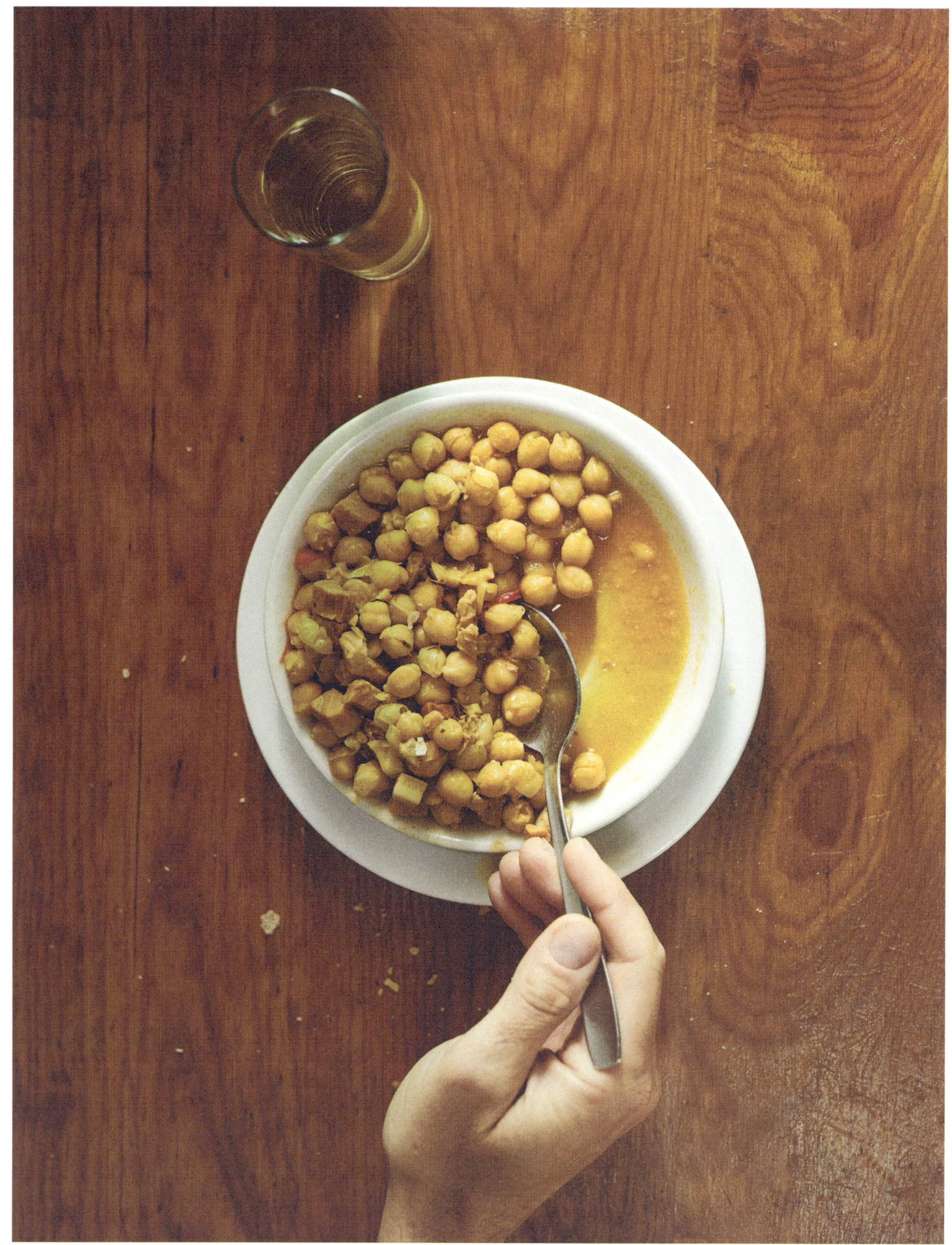

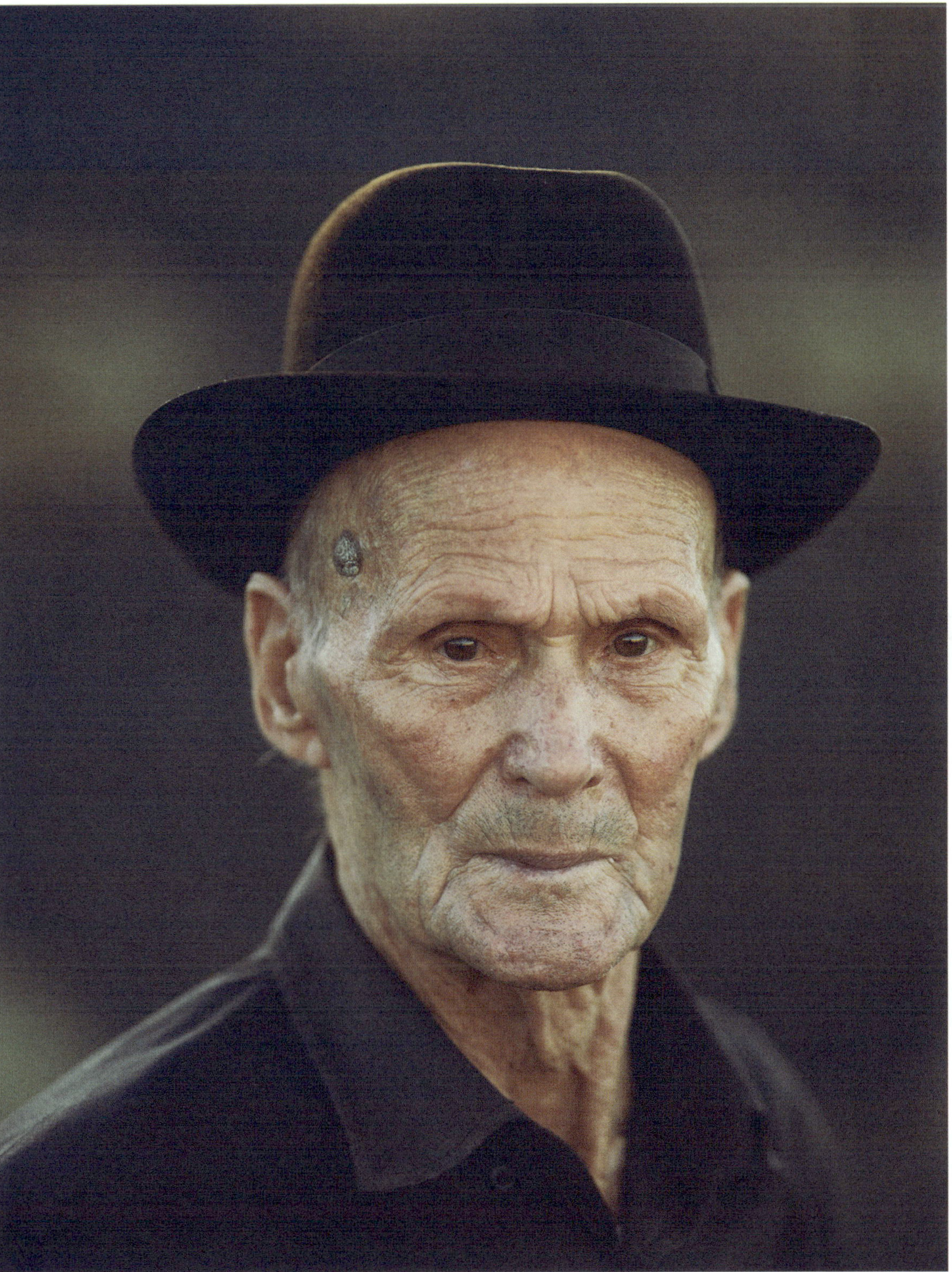

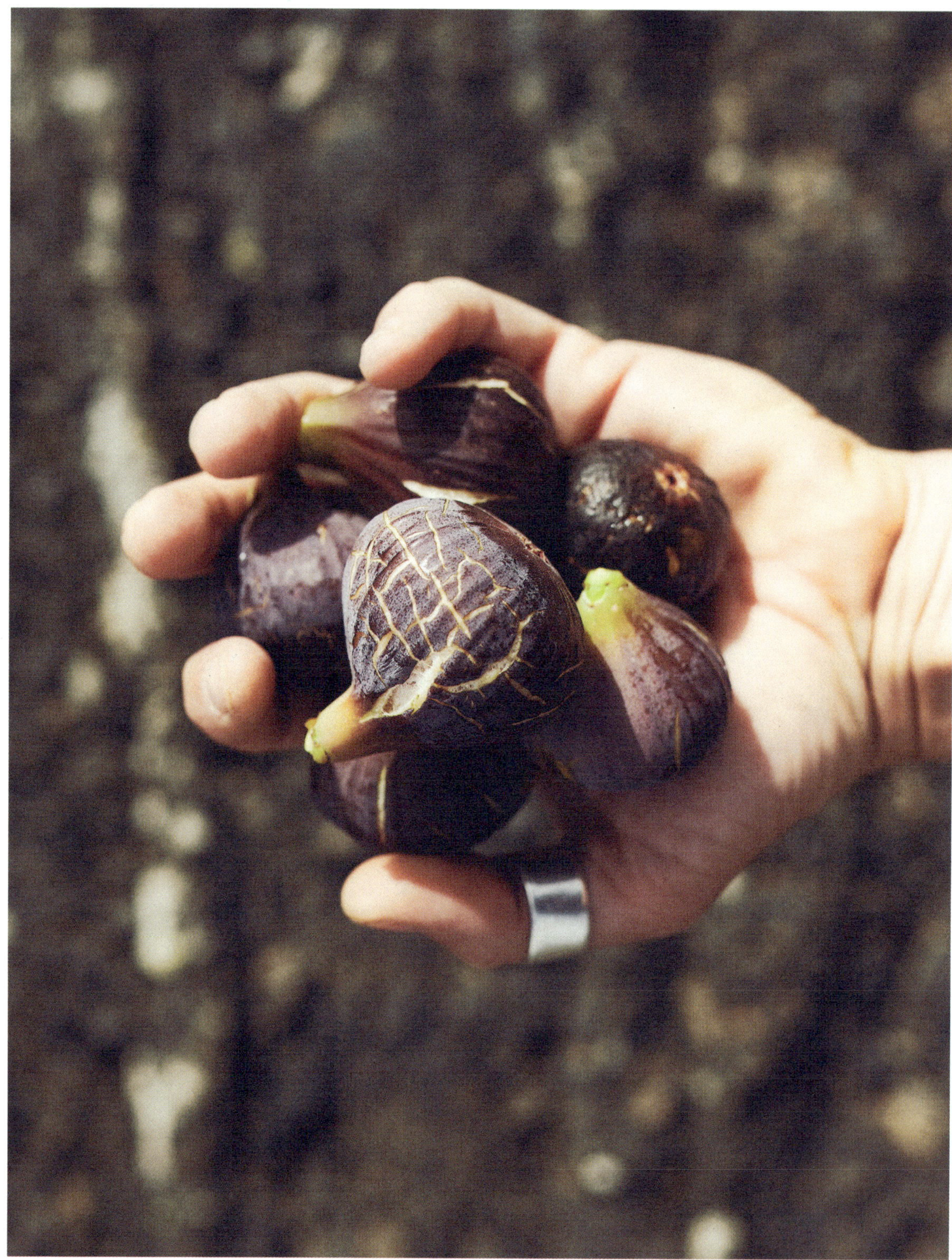

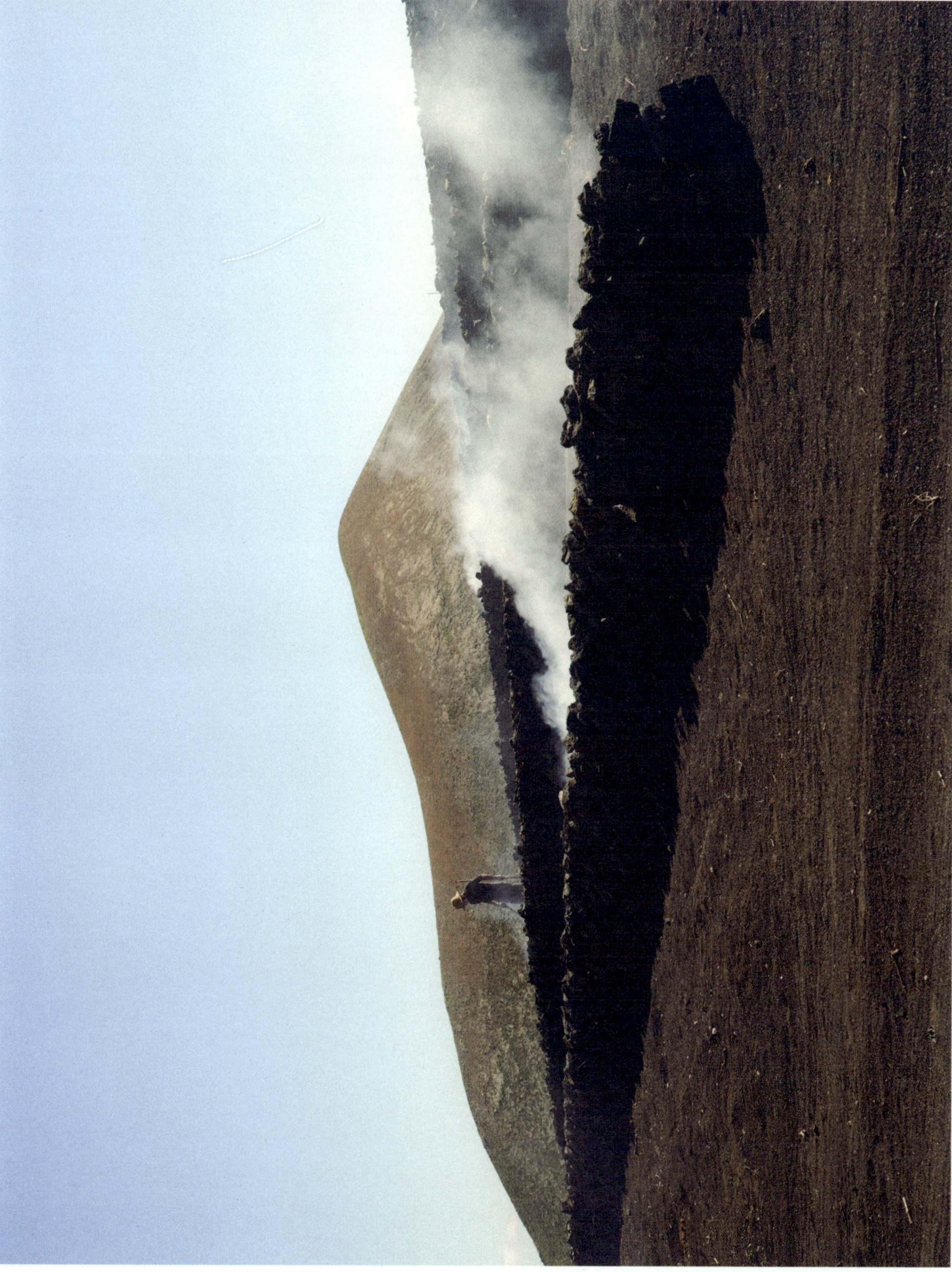

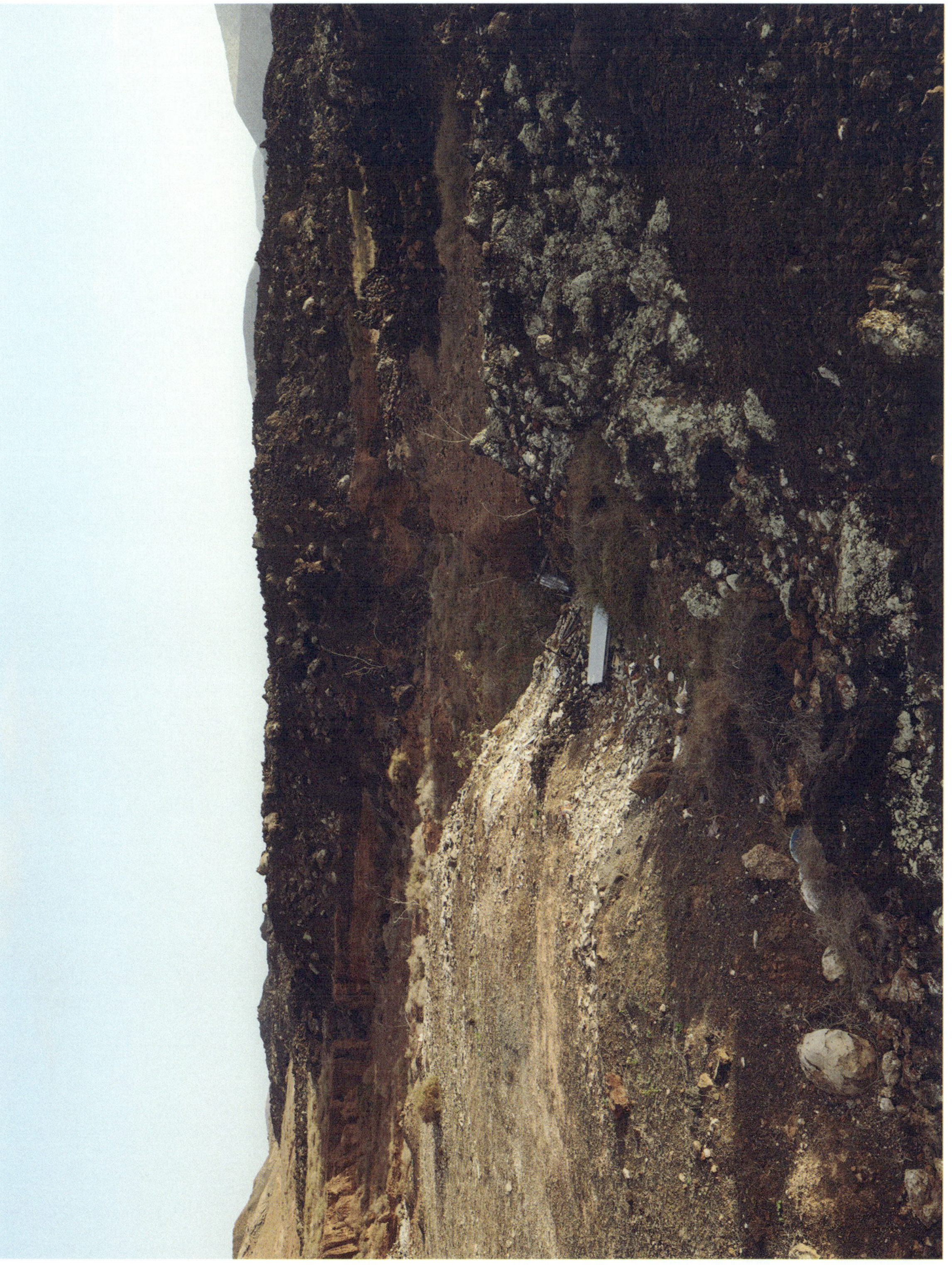

Taro

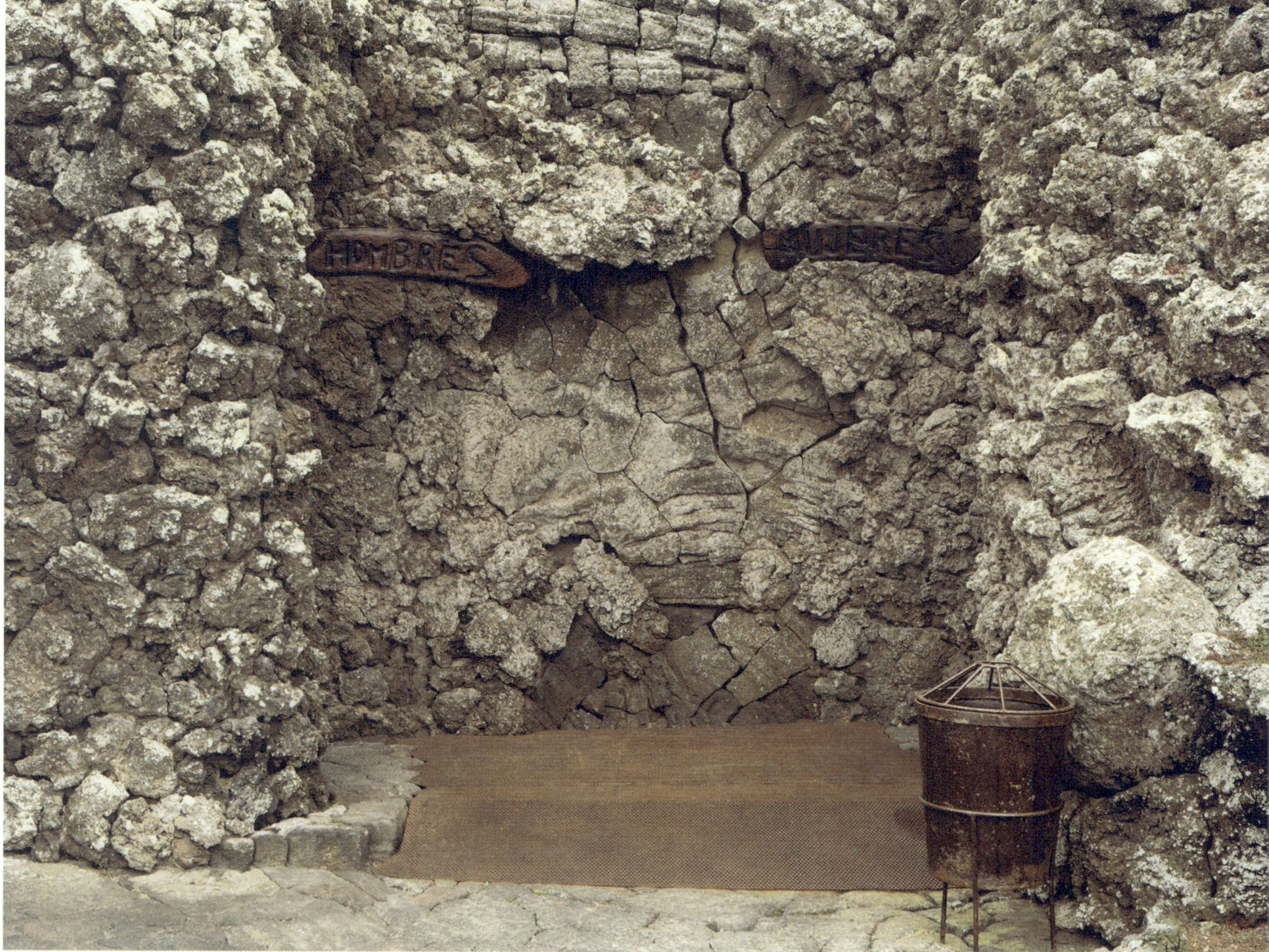
HOMBRES

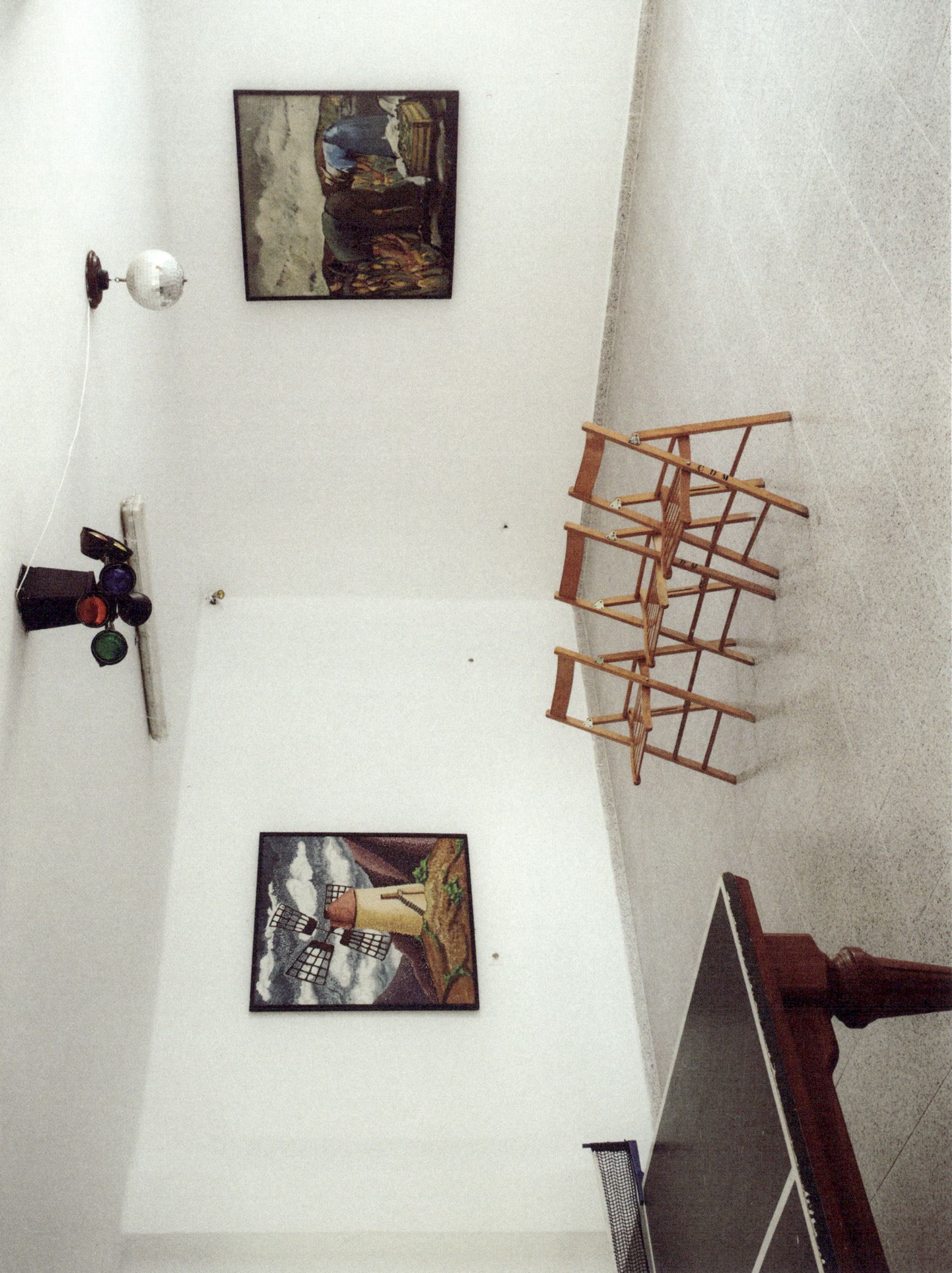

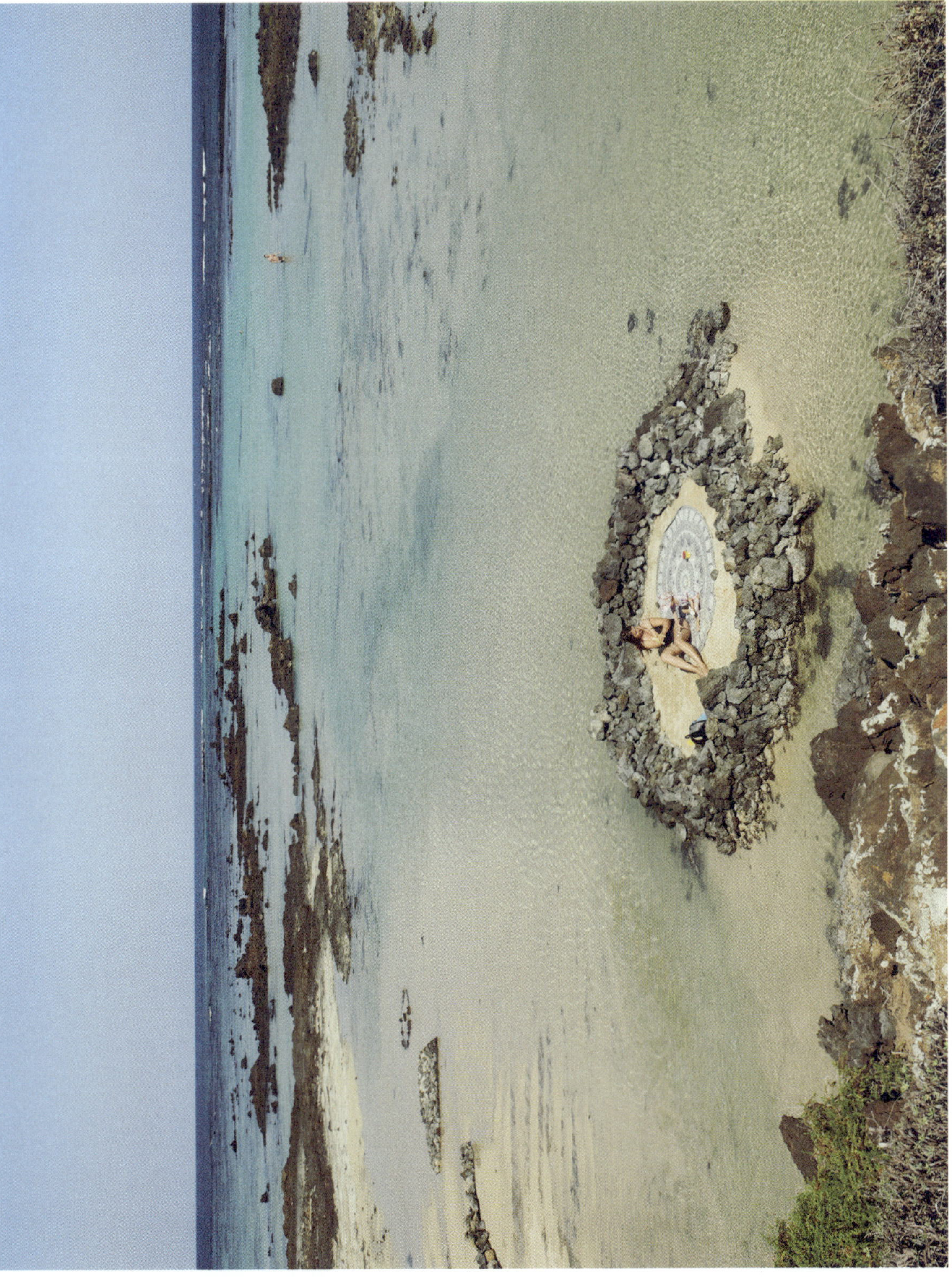

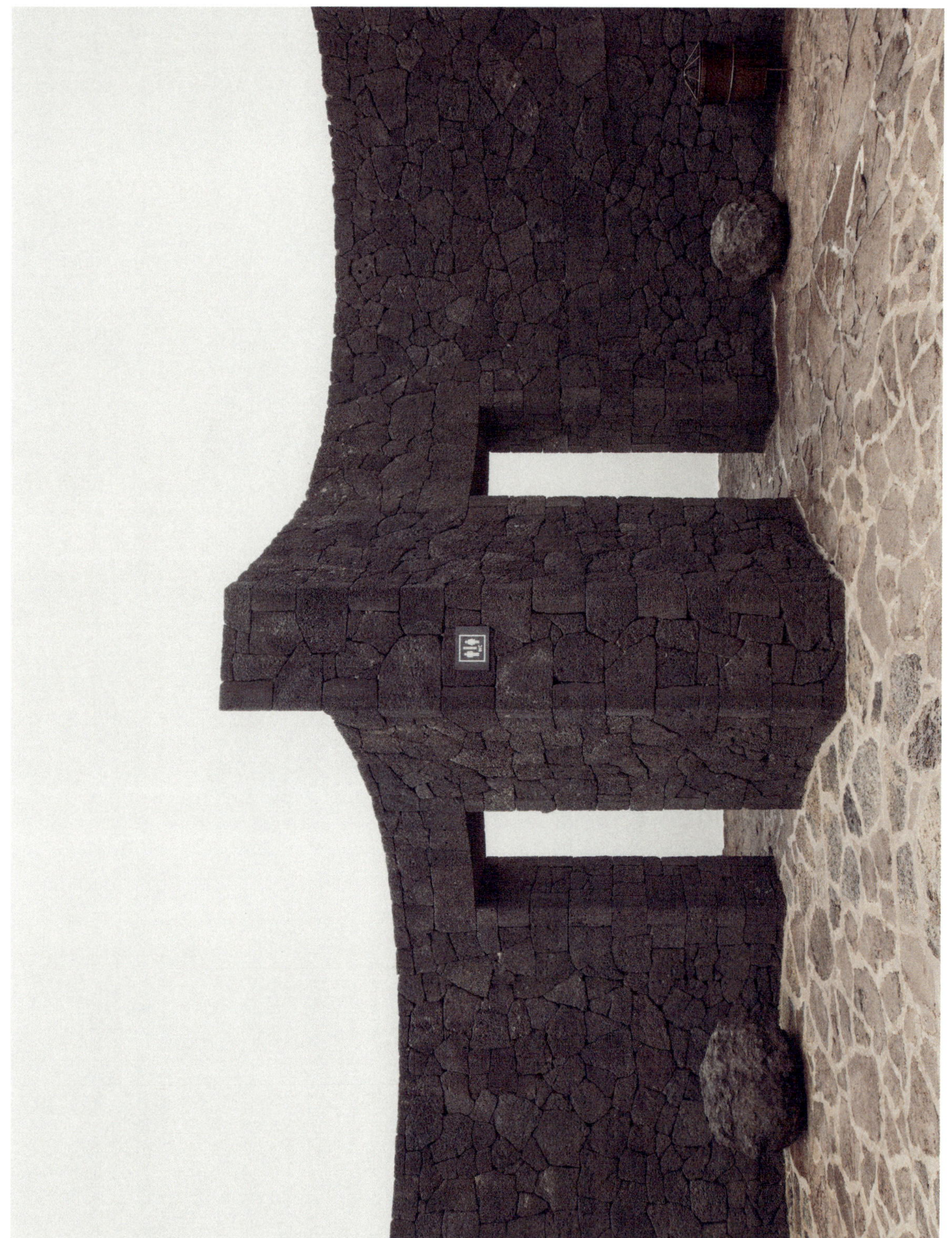

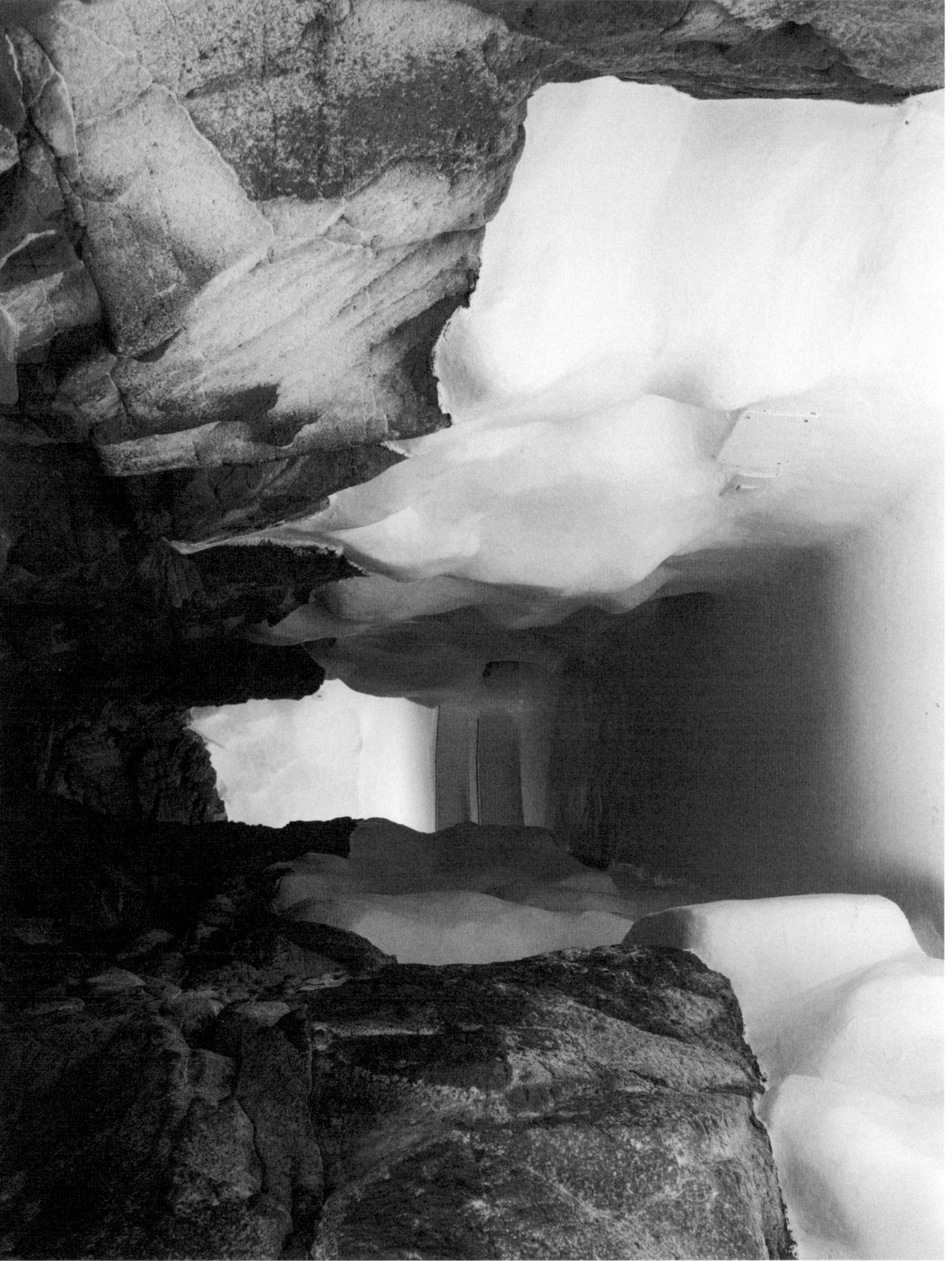

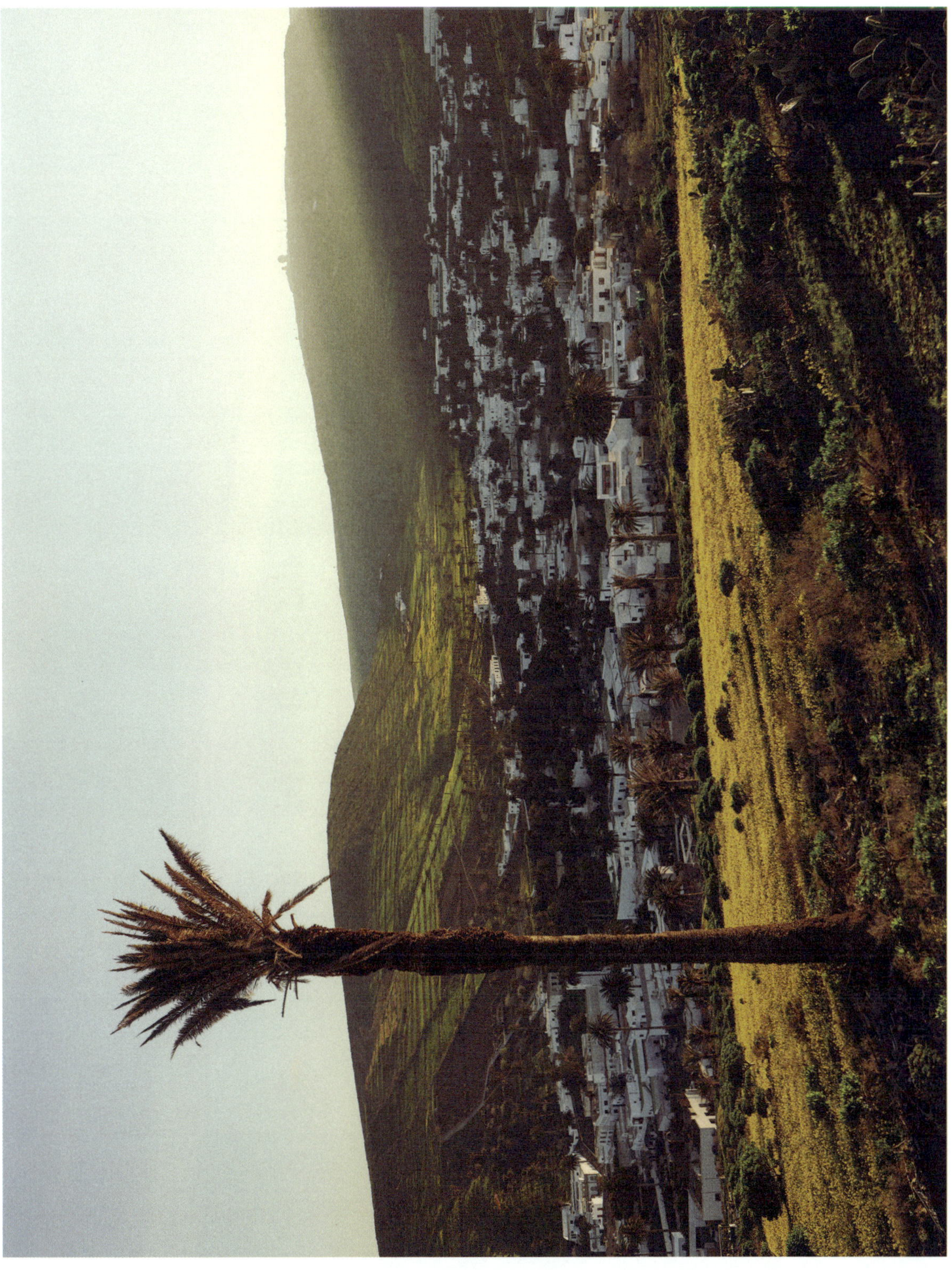

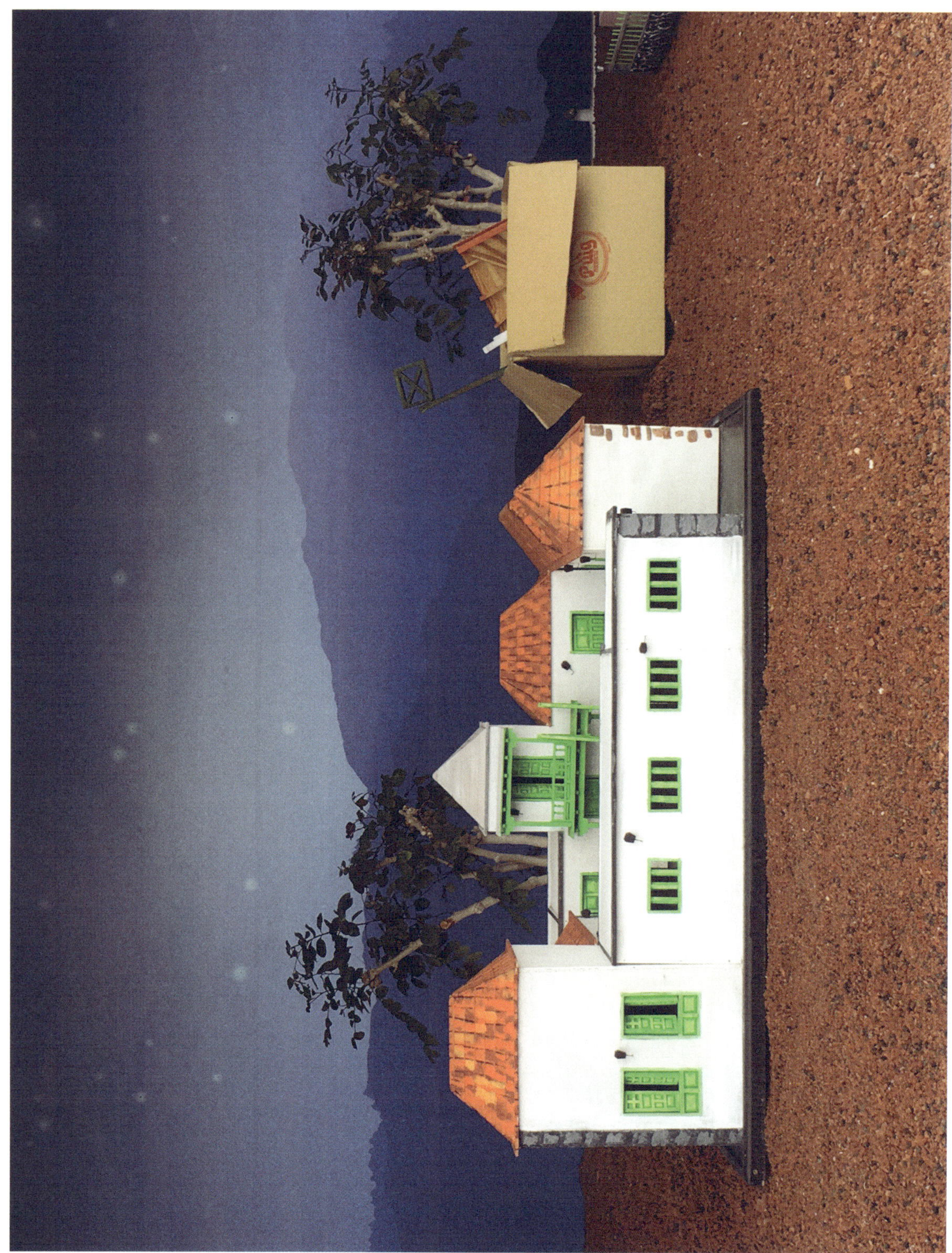

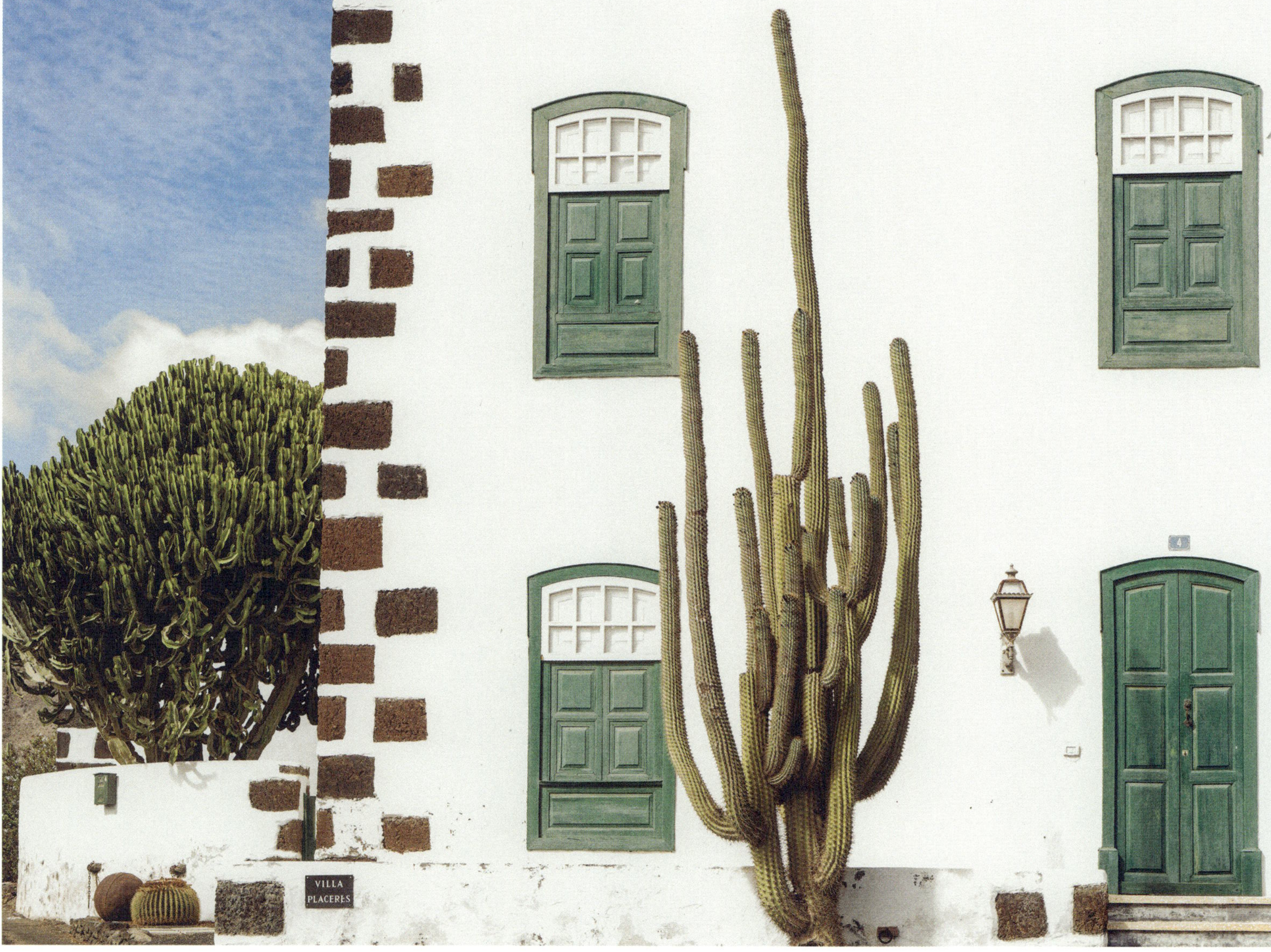
VILLA
PLACERES
4

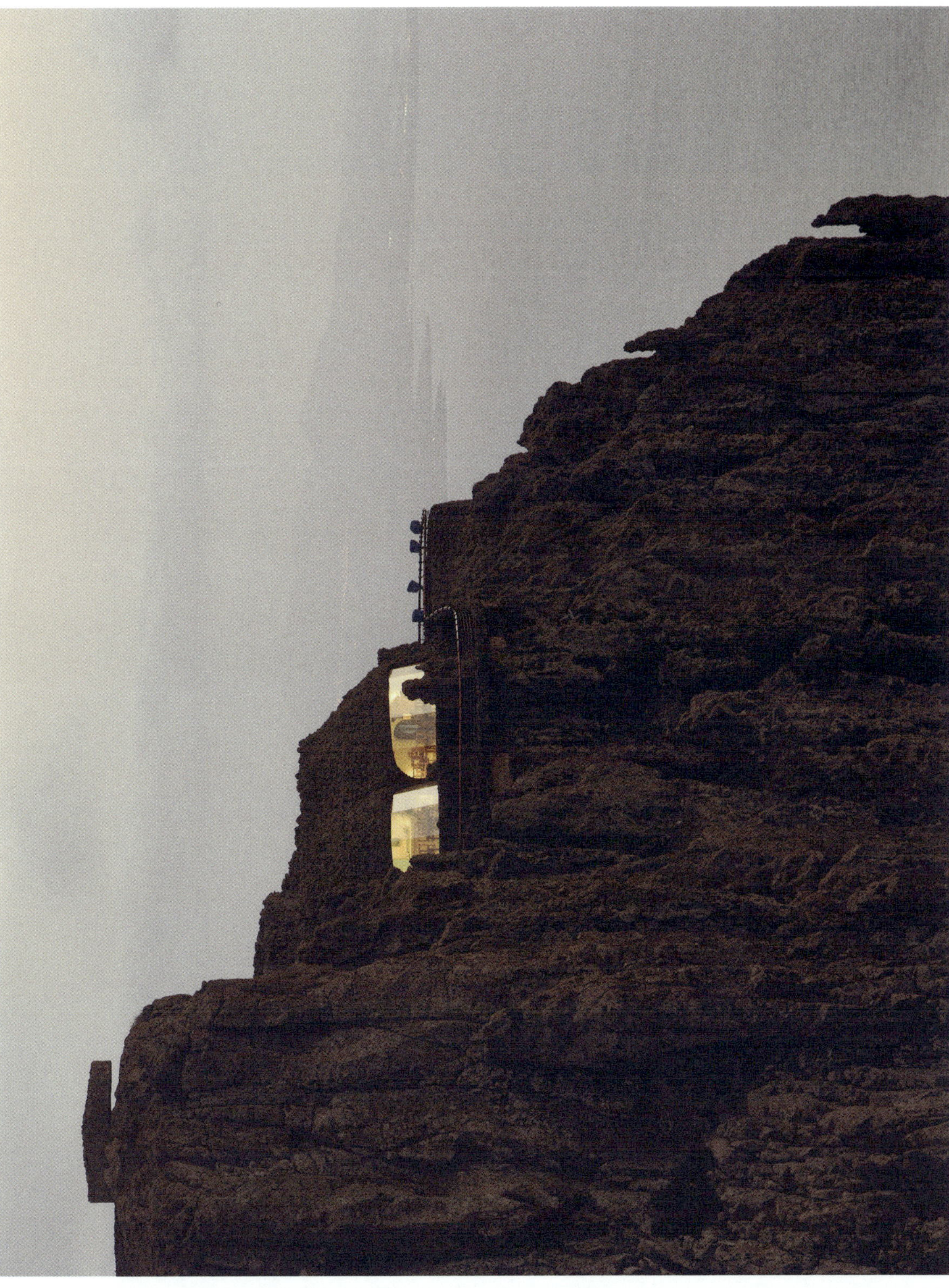

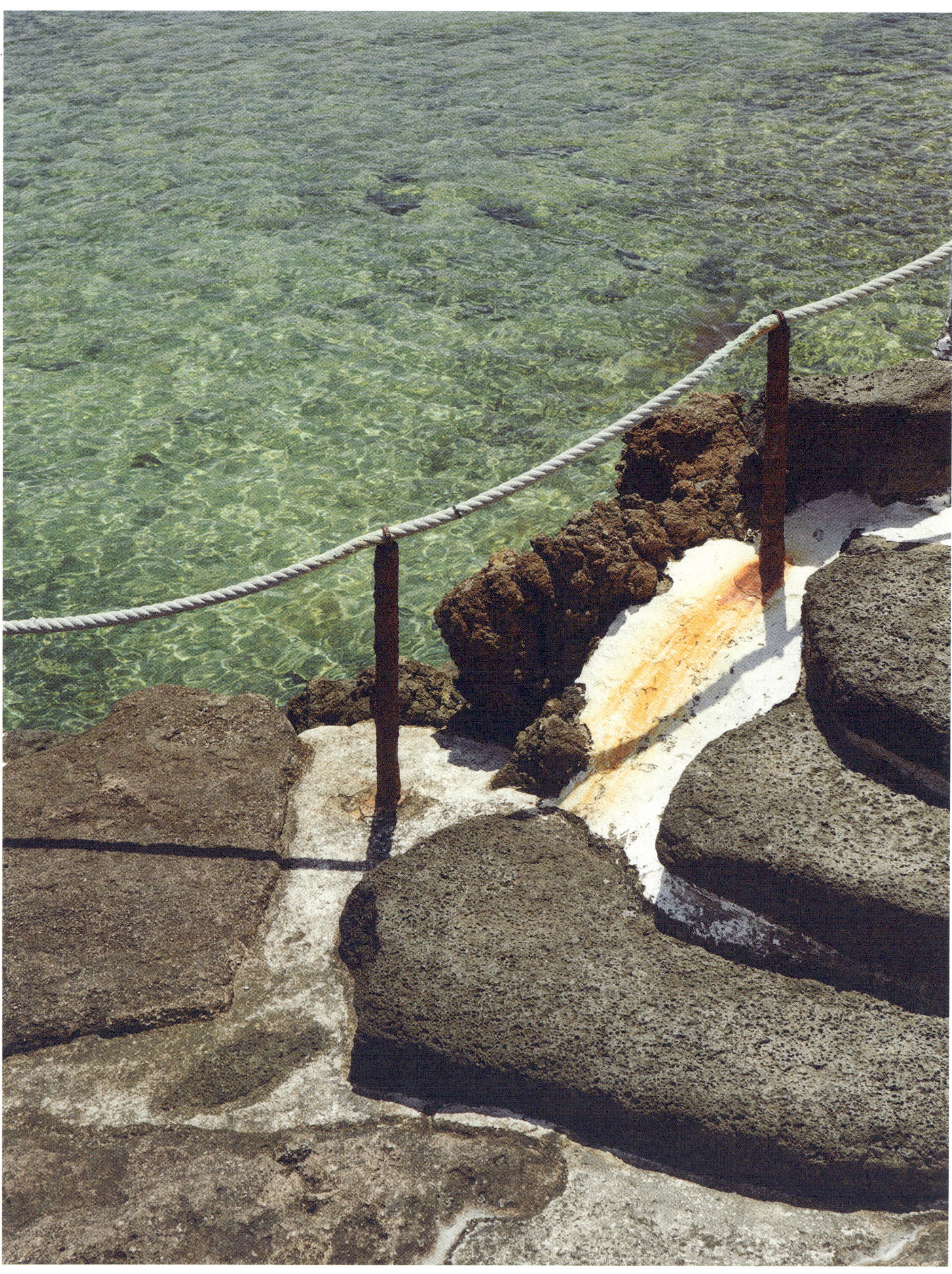

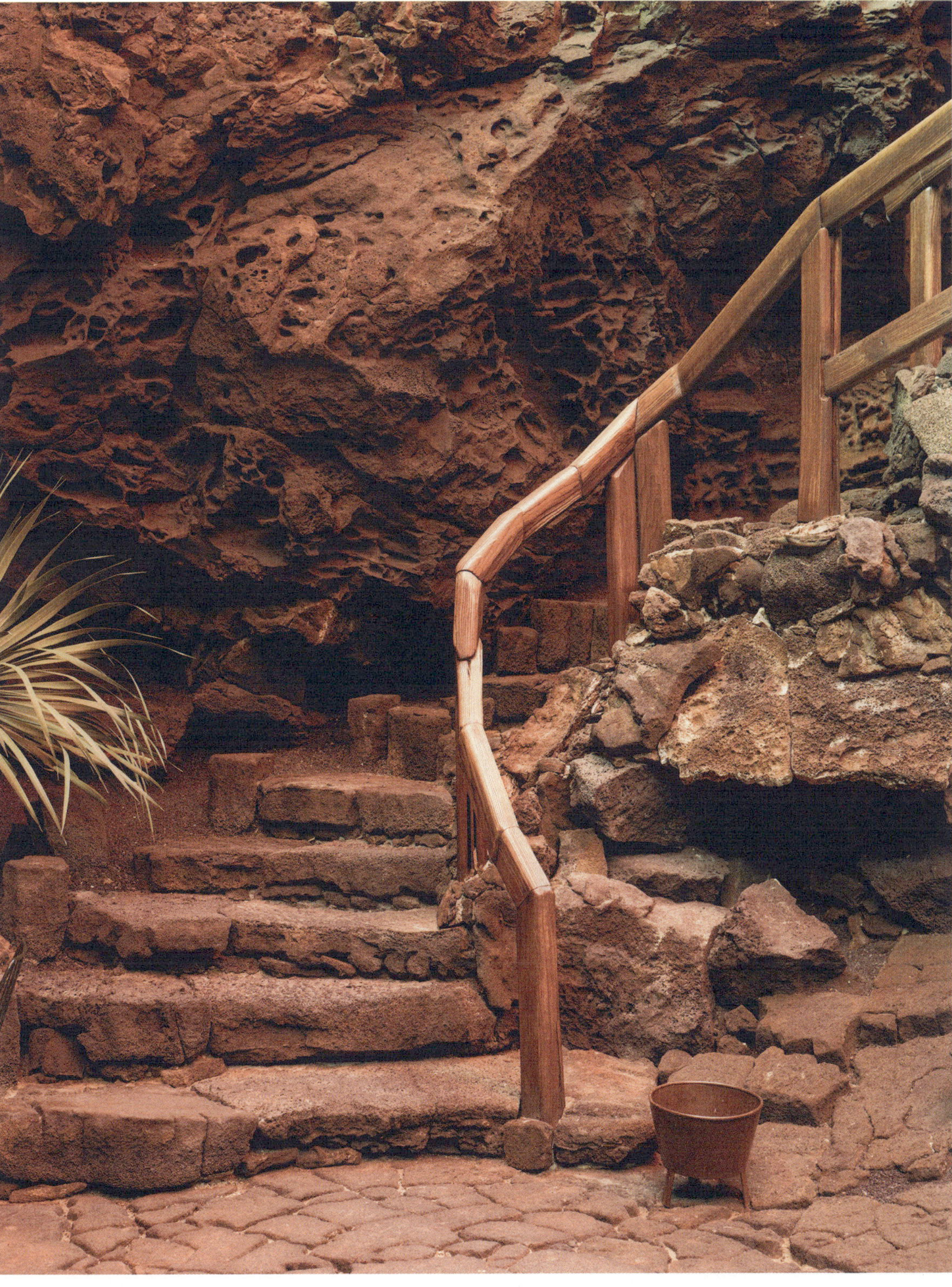

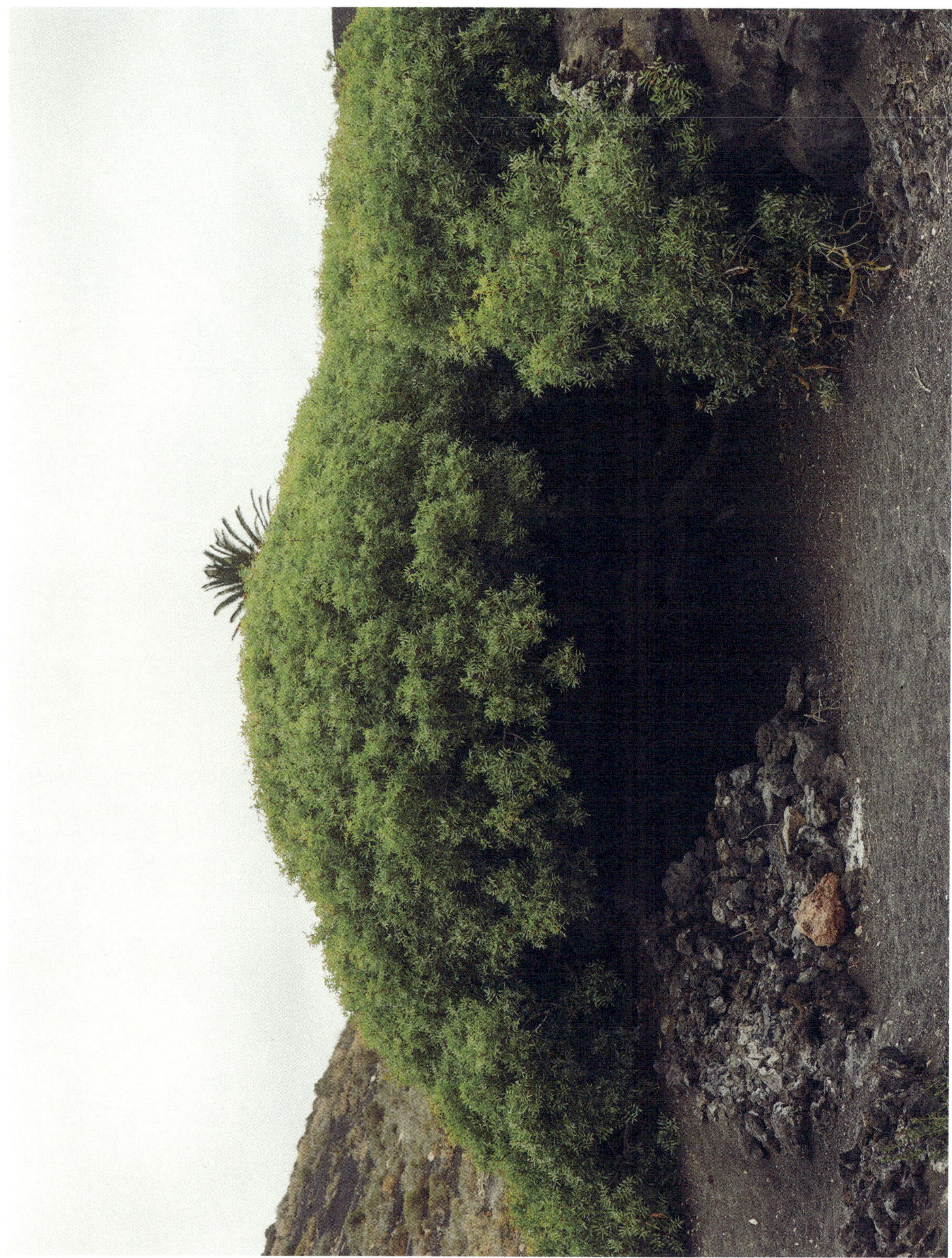

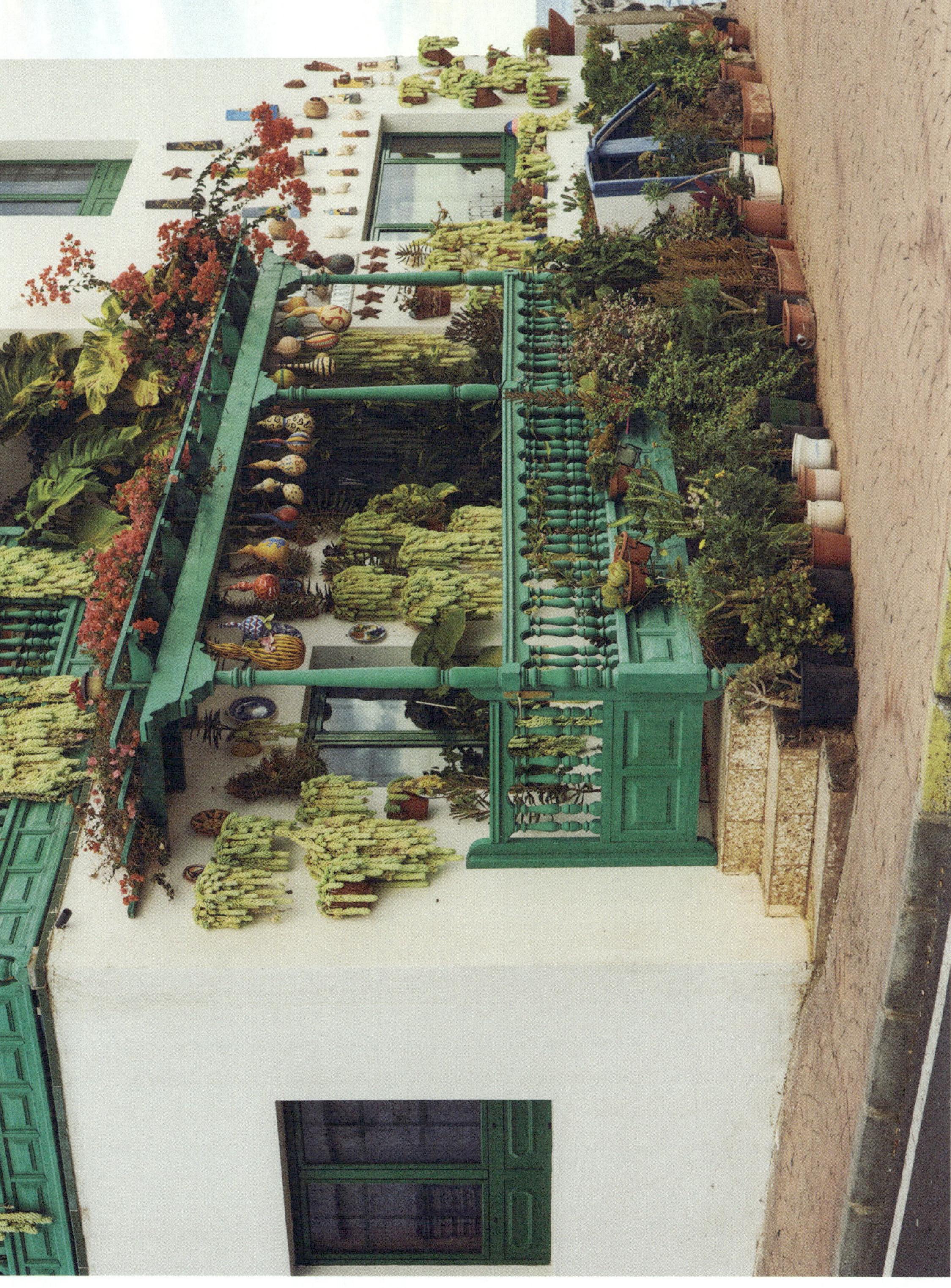

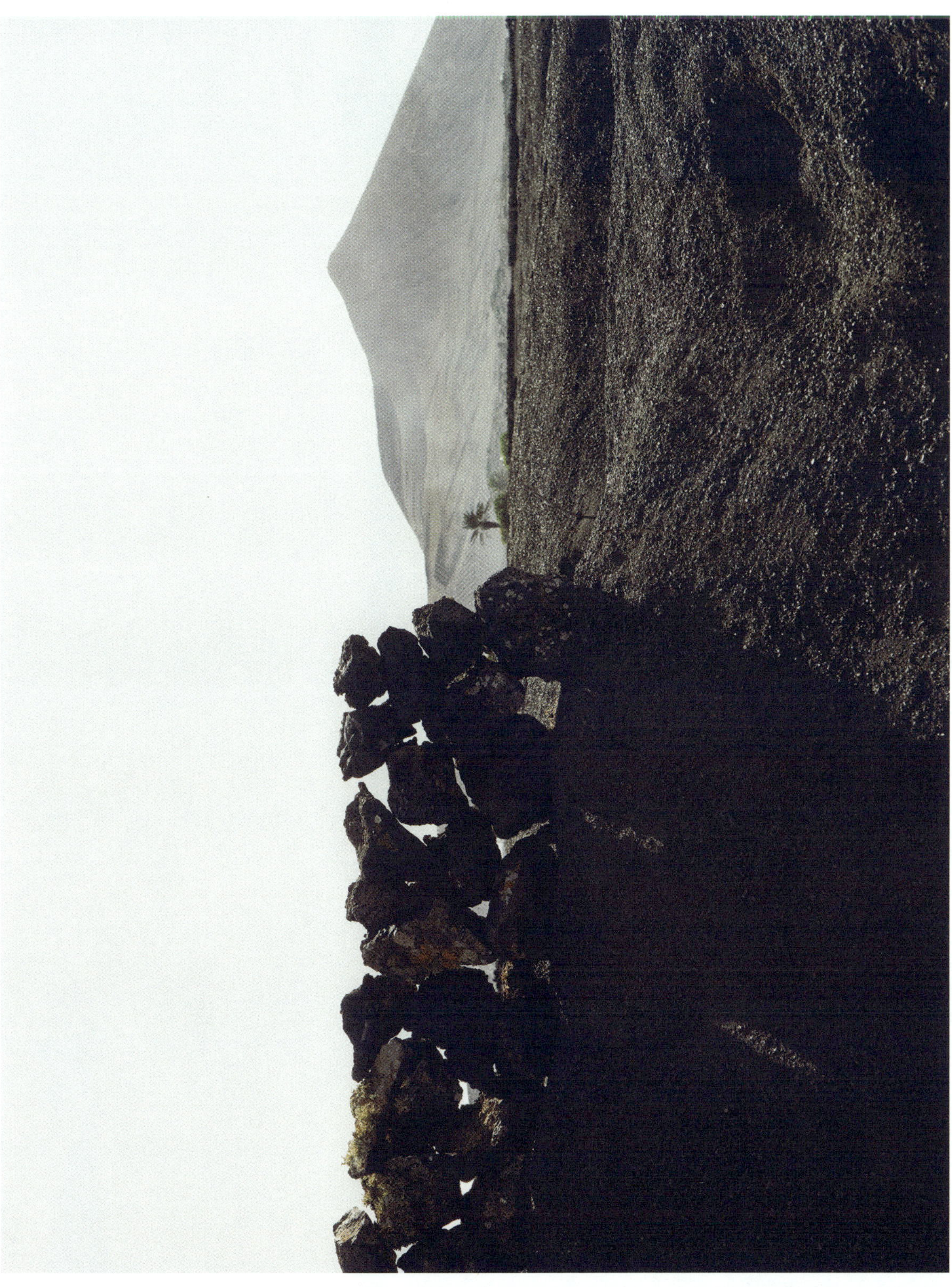

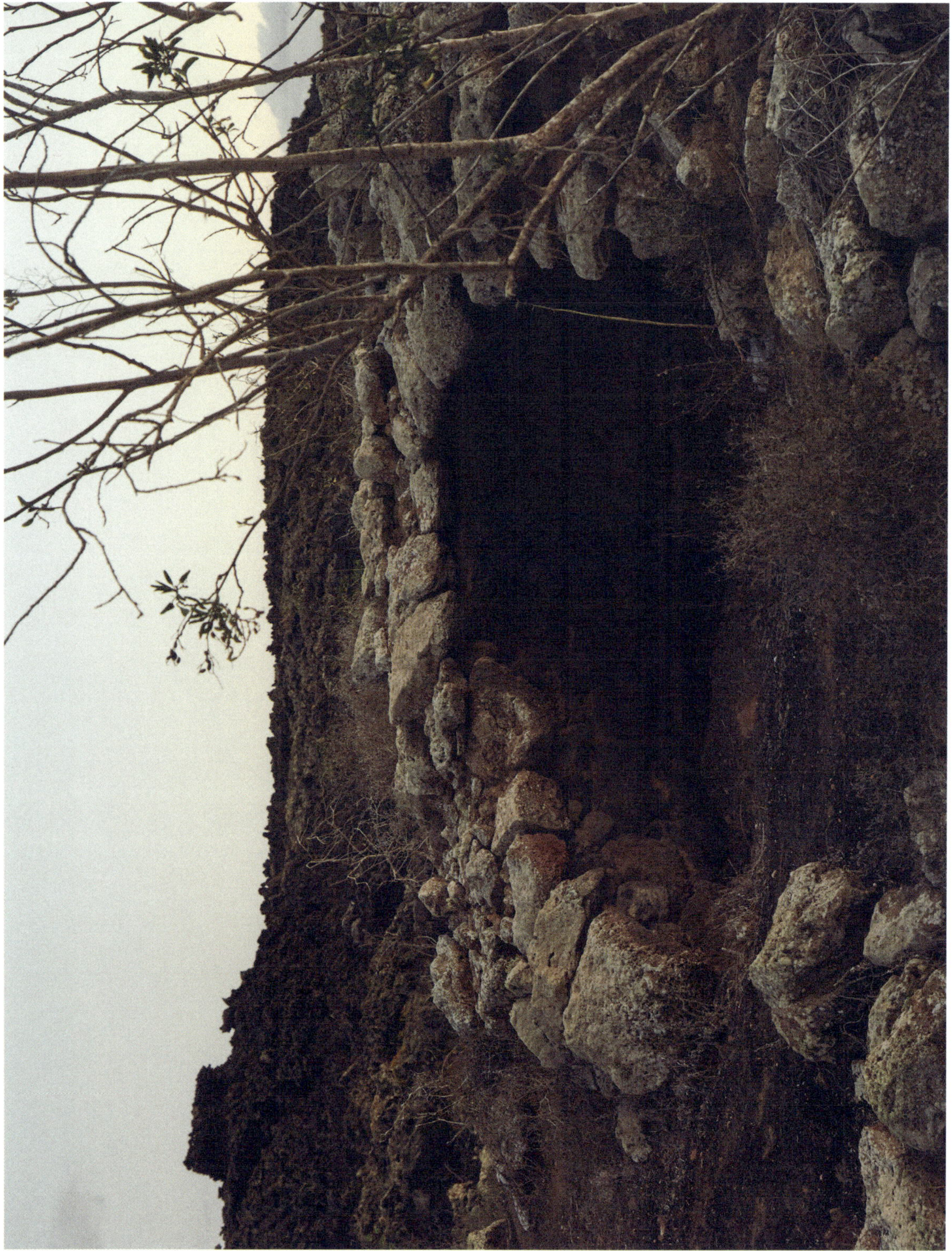

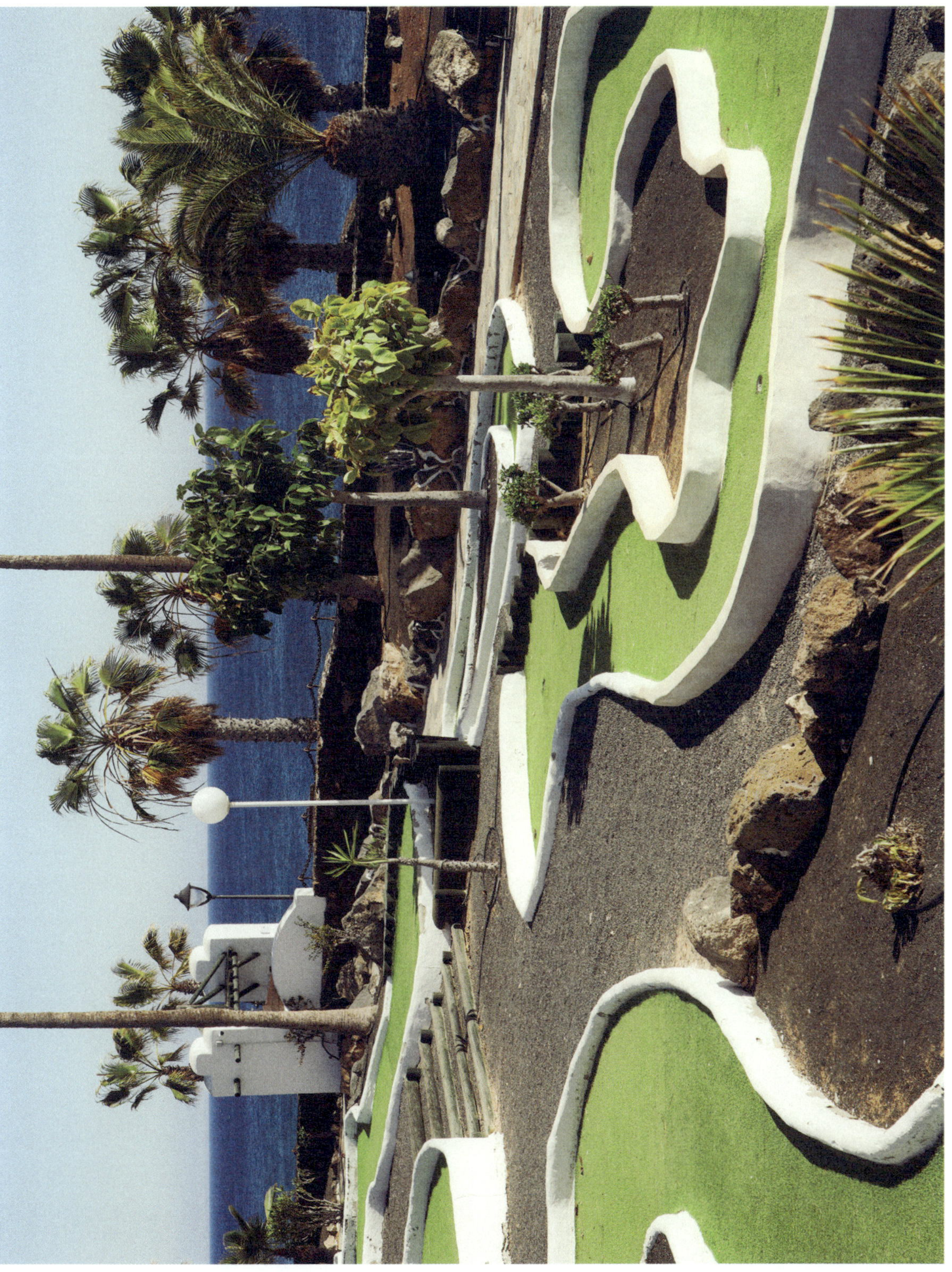

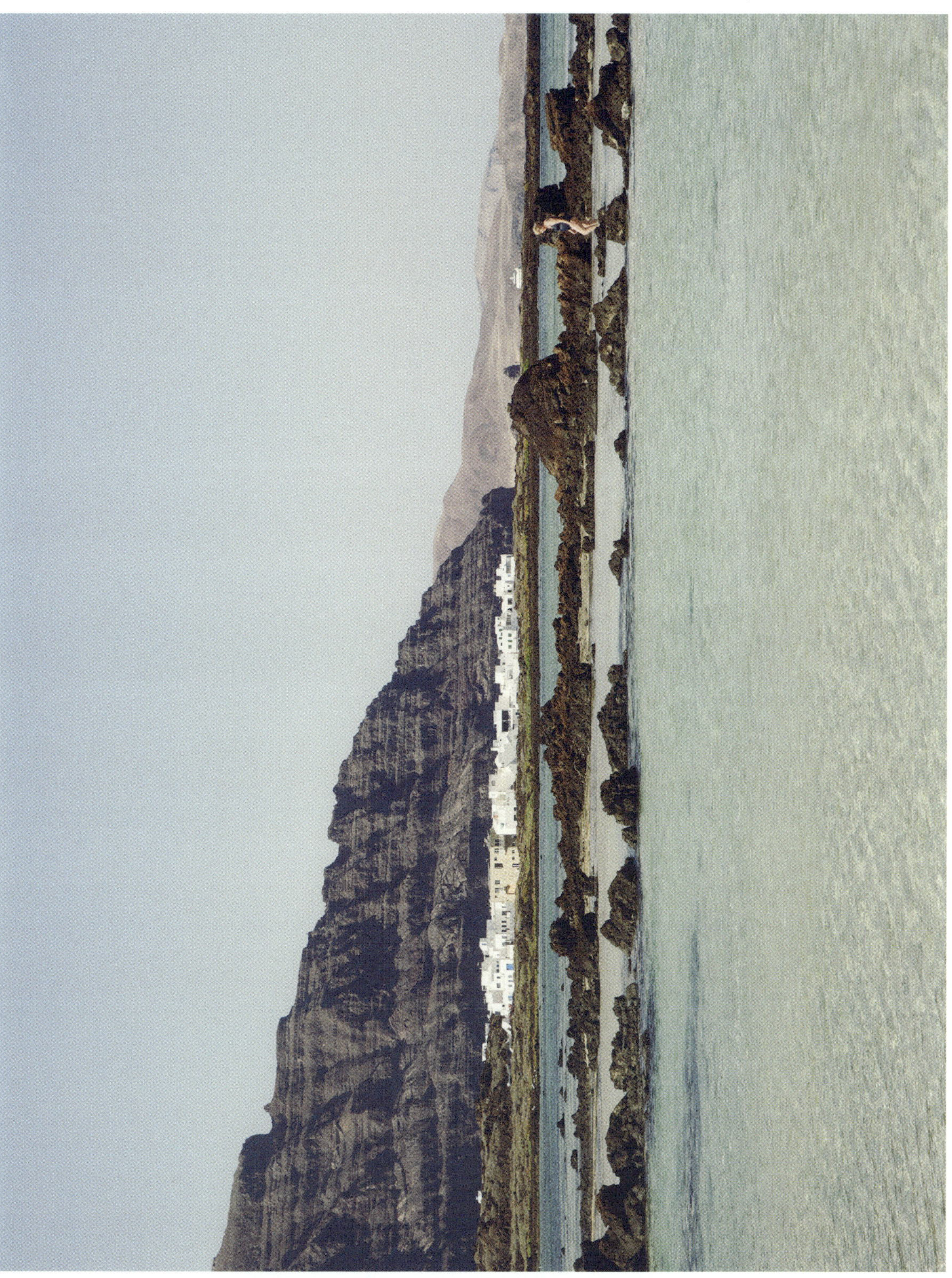

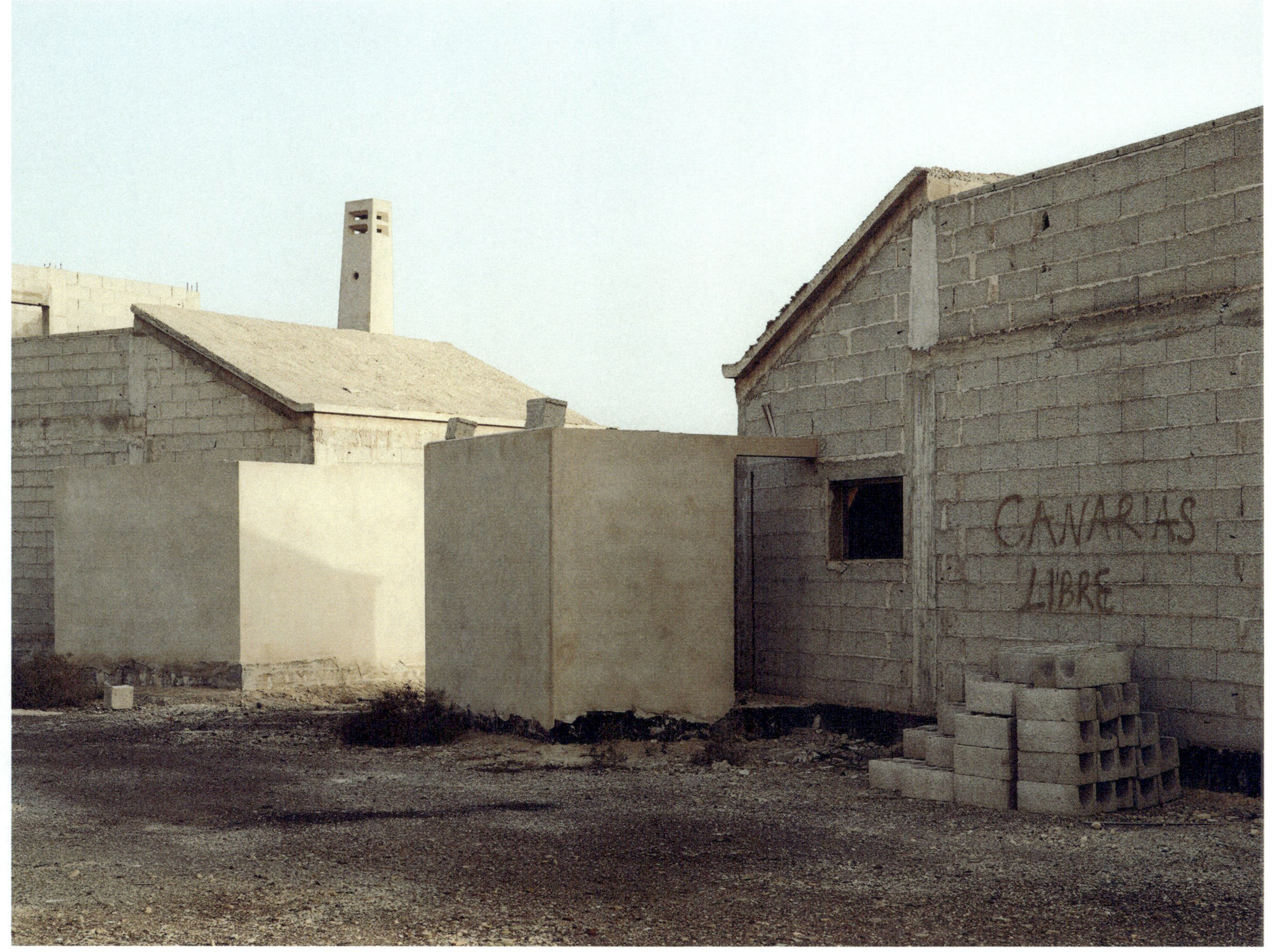
CANARIAS
LIBRE

La Tiñosa

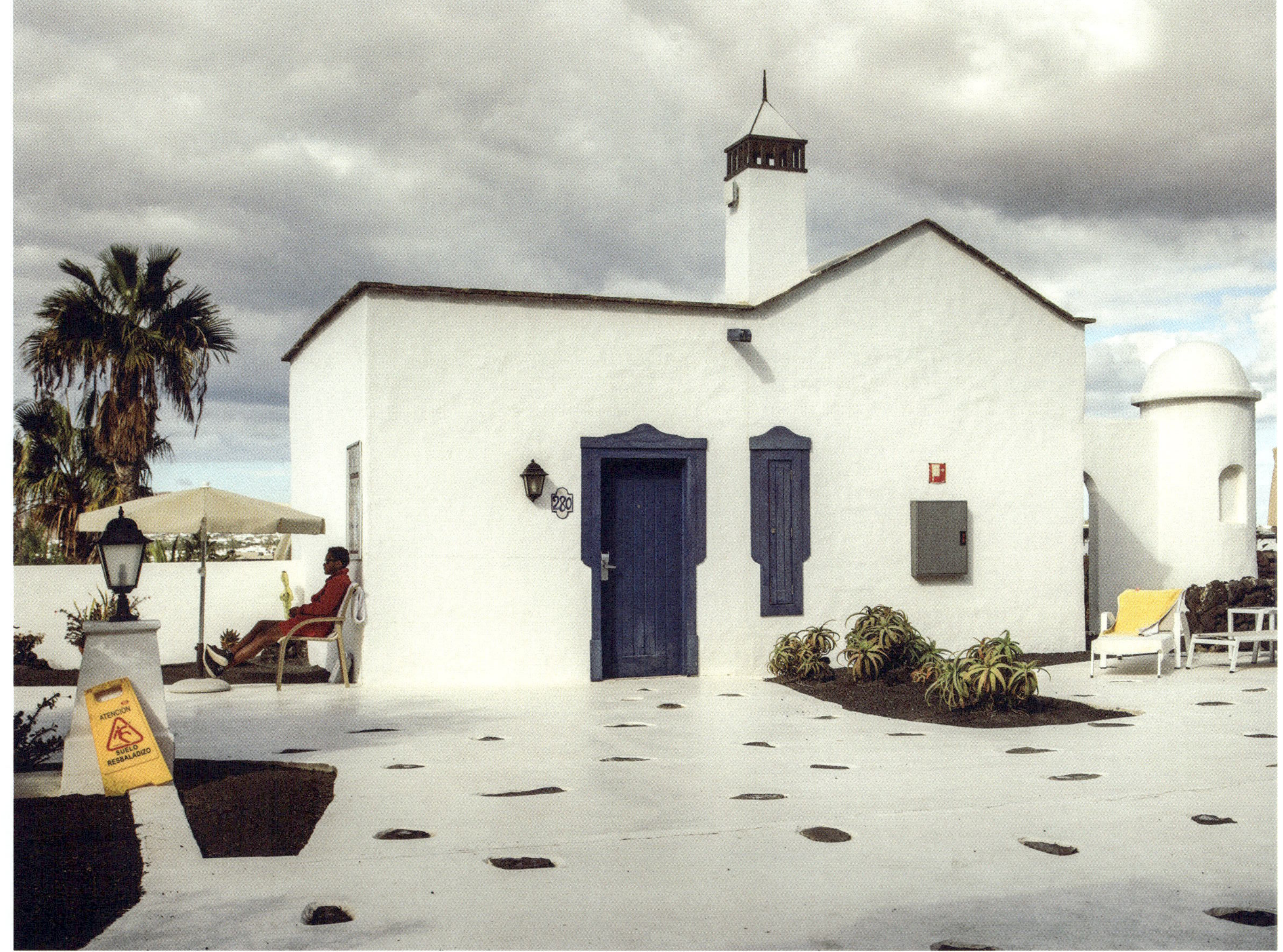

280
ATENCION
SUELO
RESBALADIZO

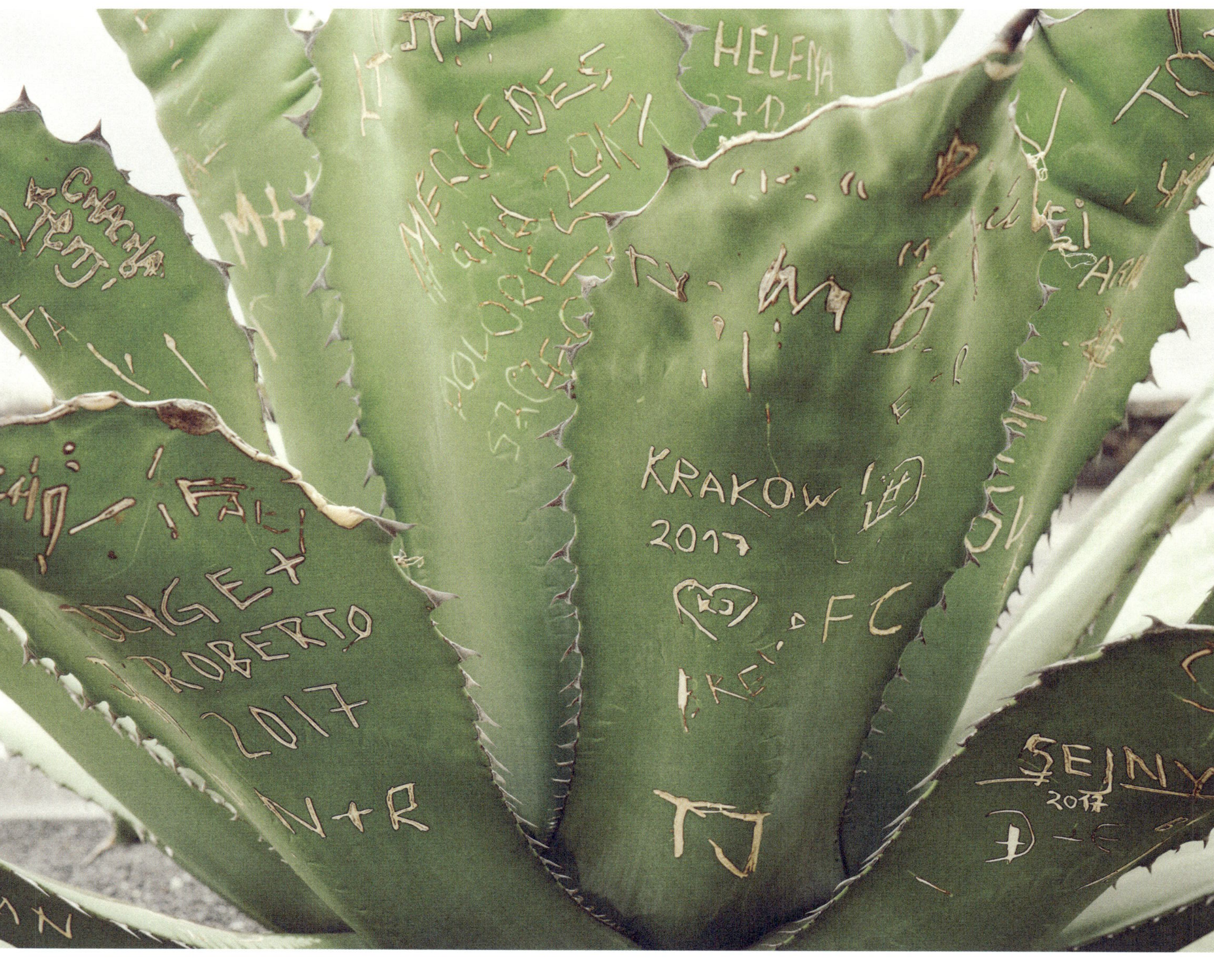

HELENA
MERCEDES
KRAKOW
2017
FC
ROBERTO
2017
N+R
SEJNY
2017

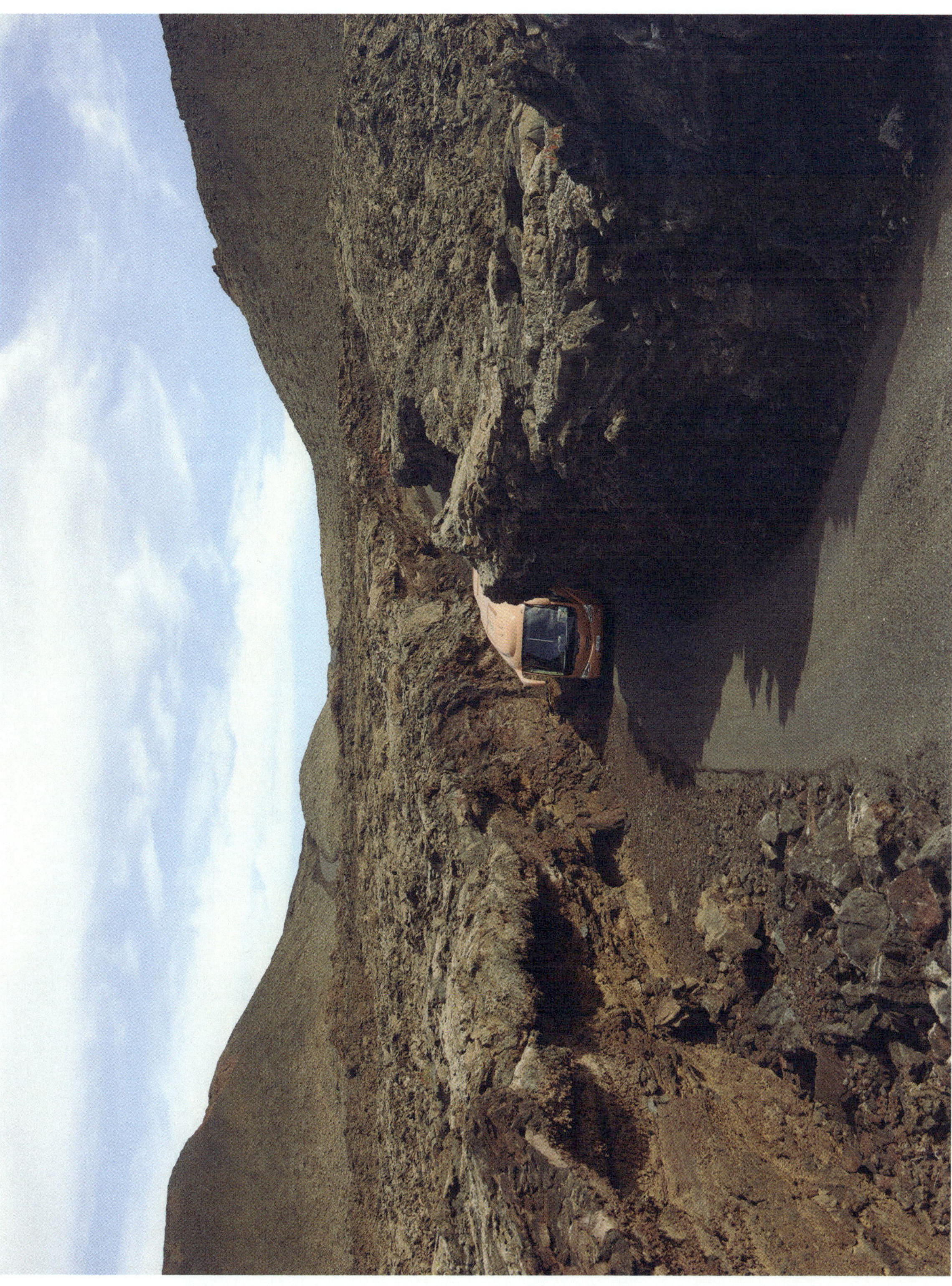

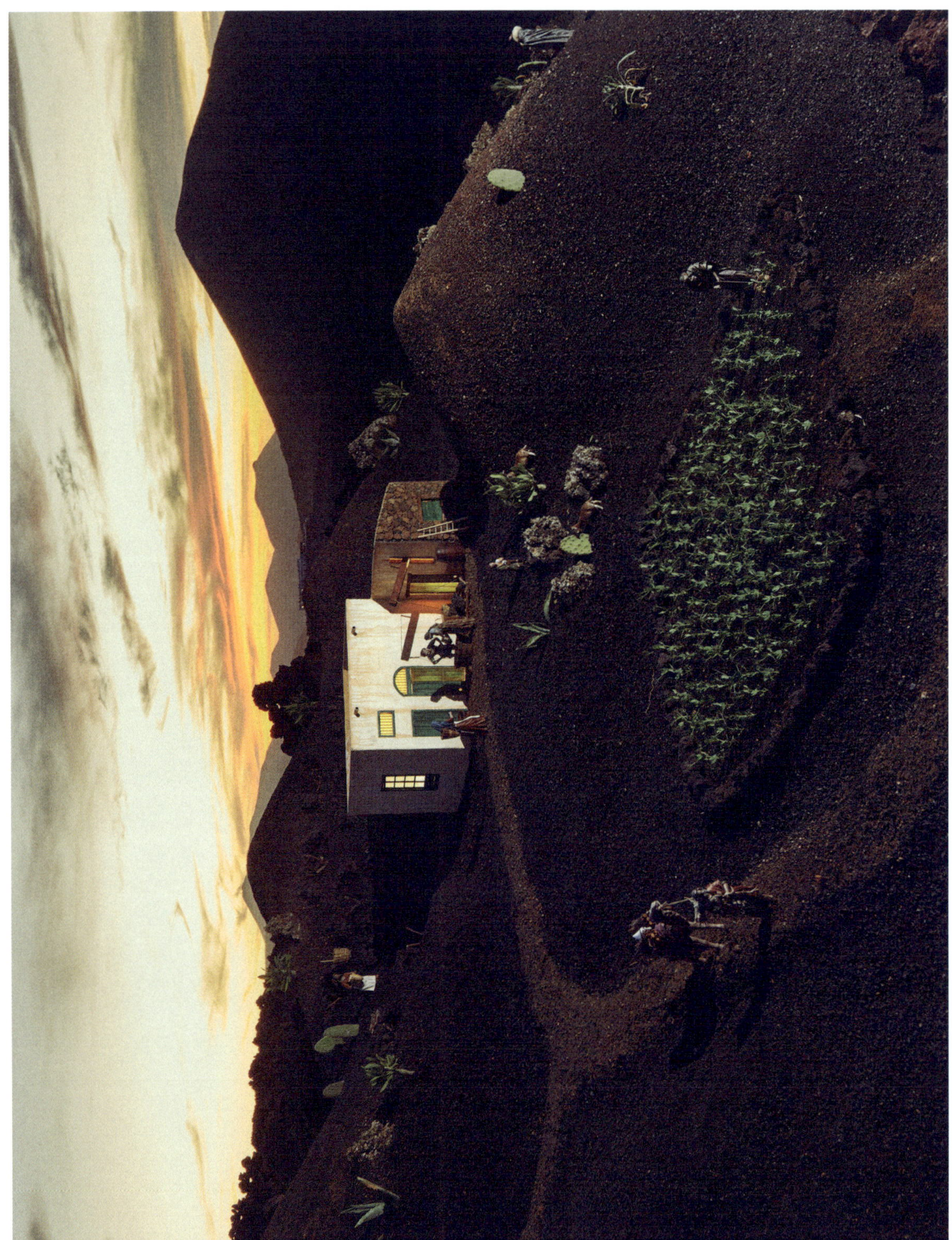

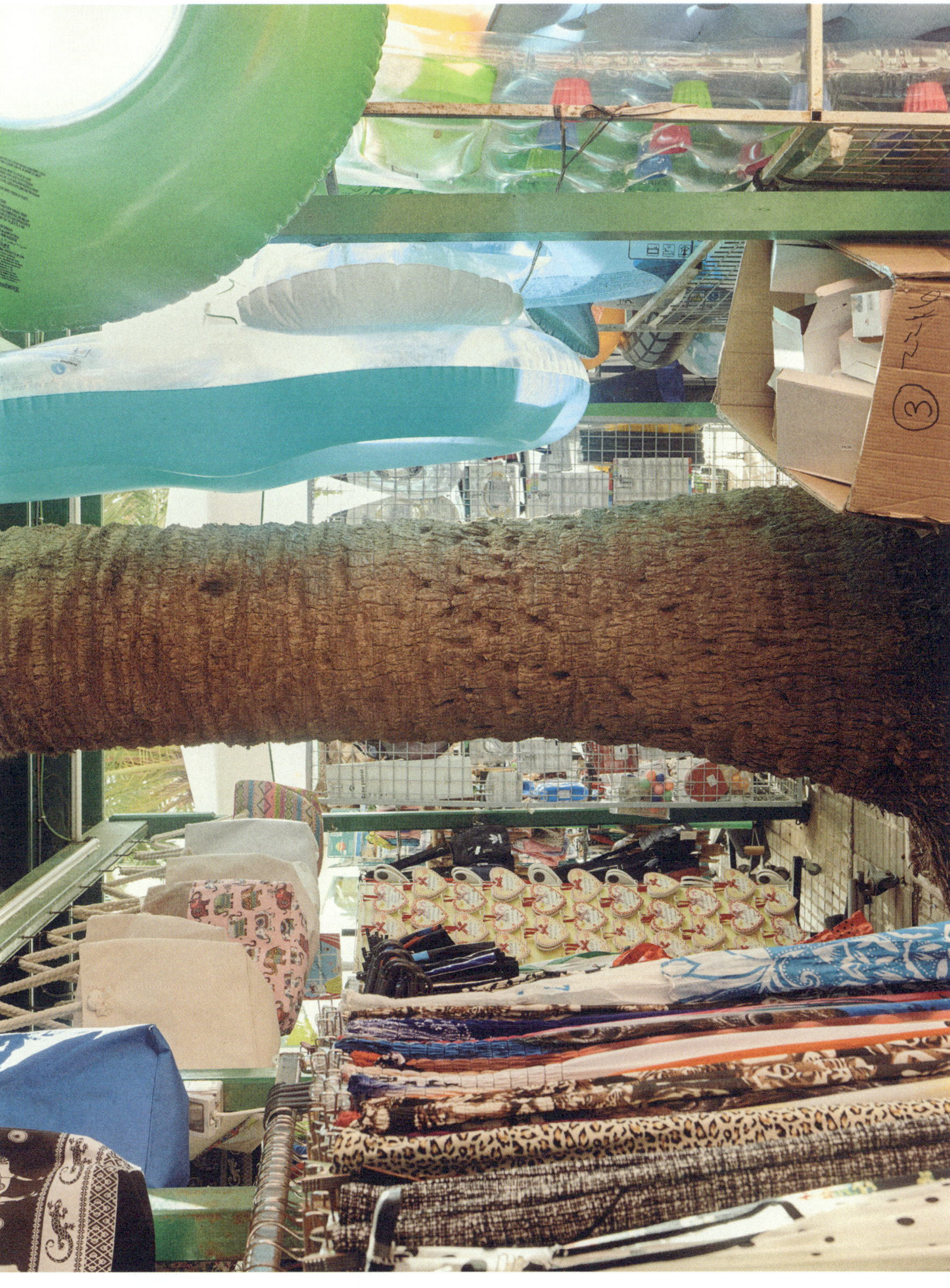

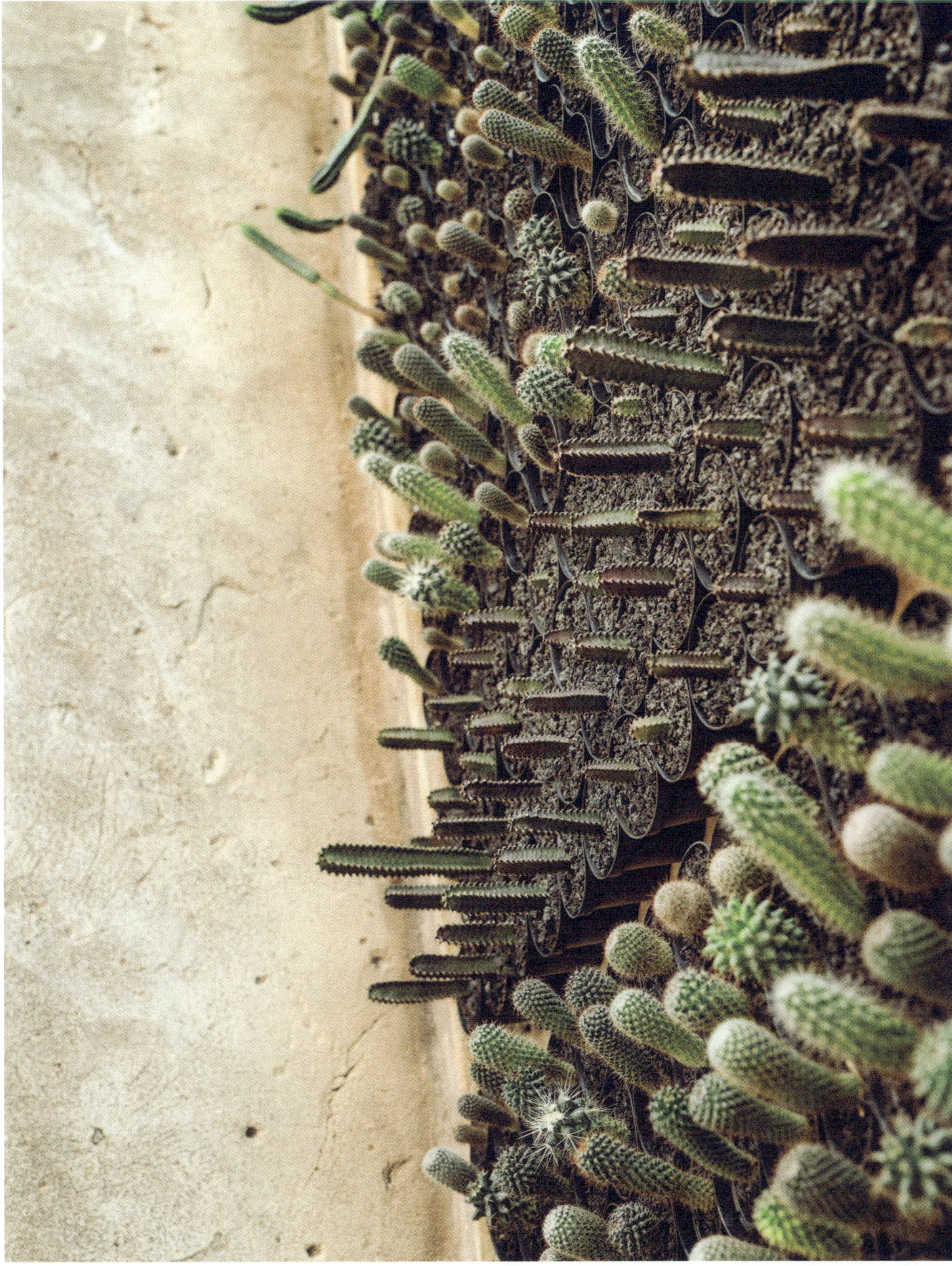

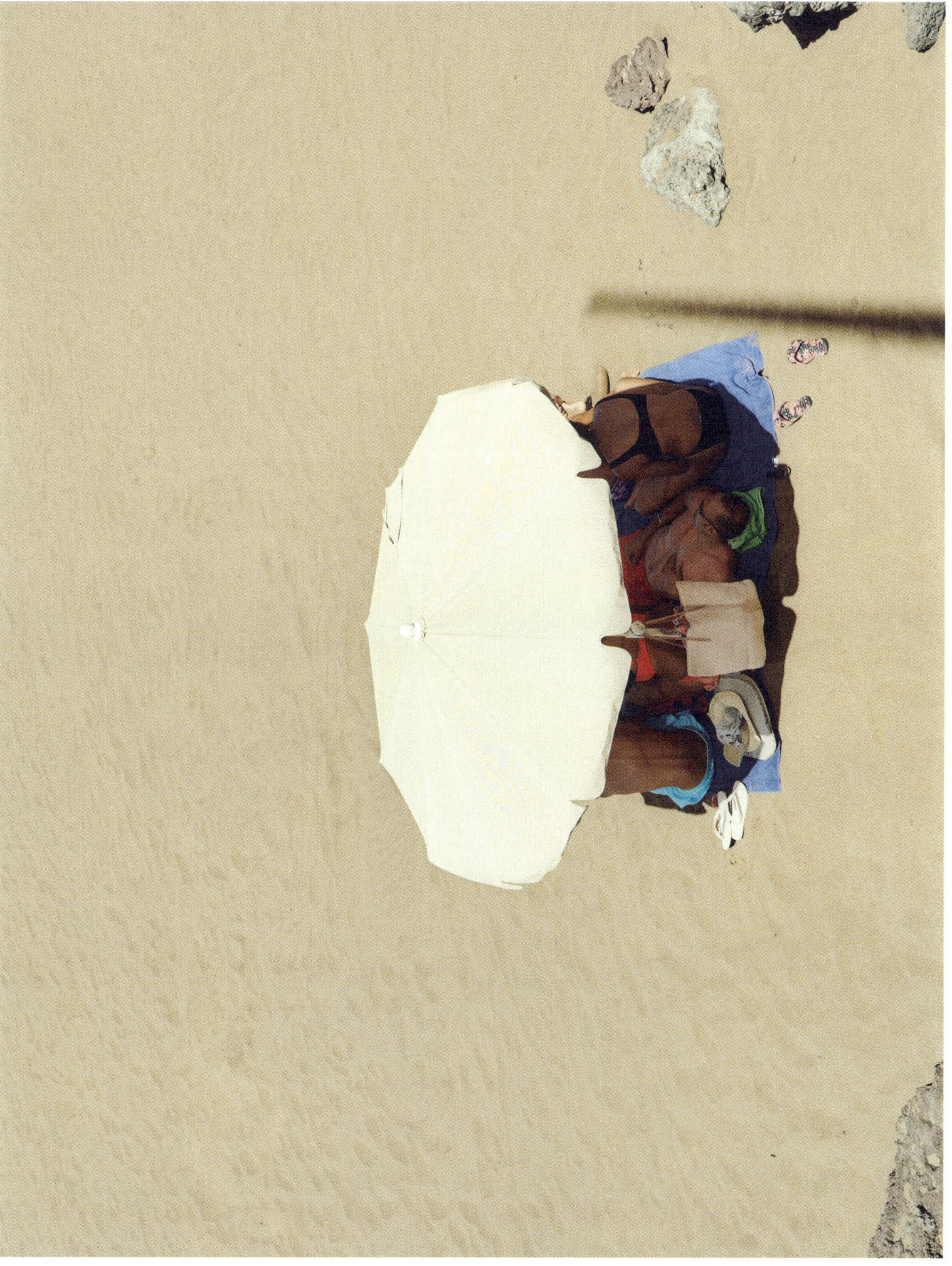

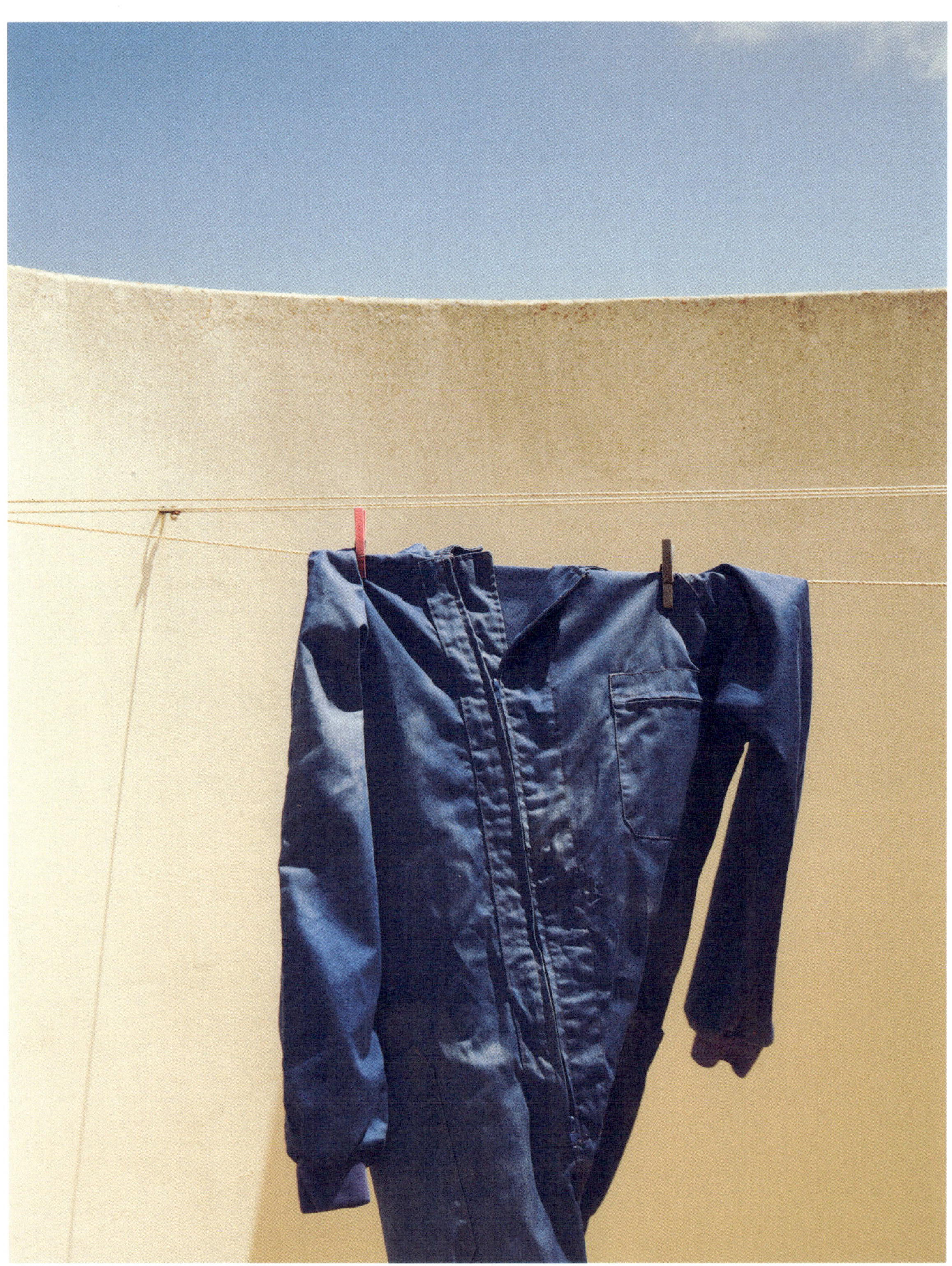

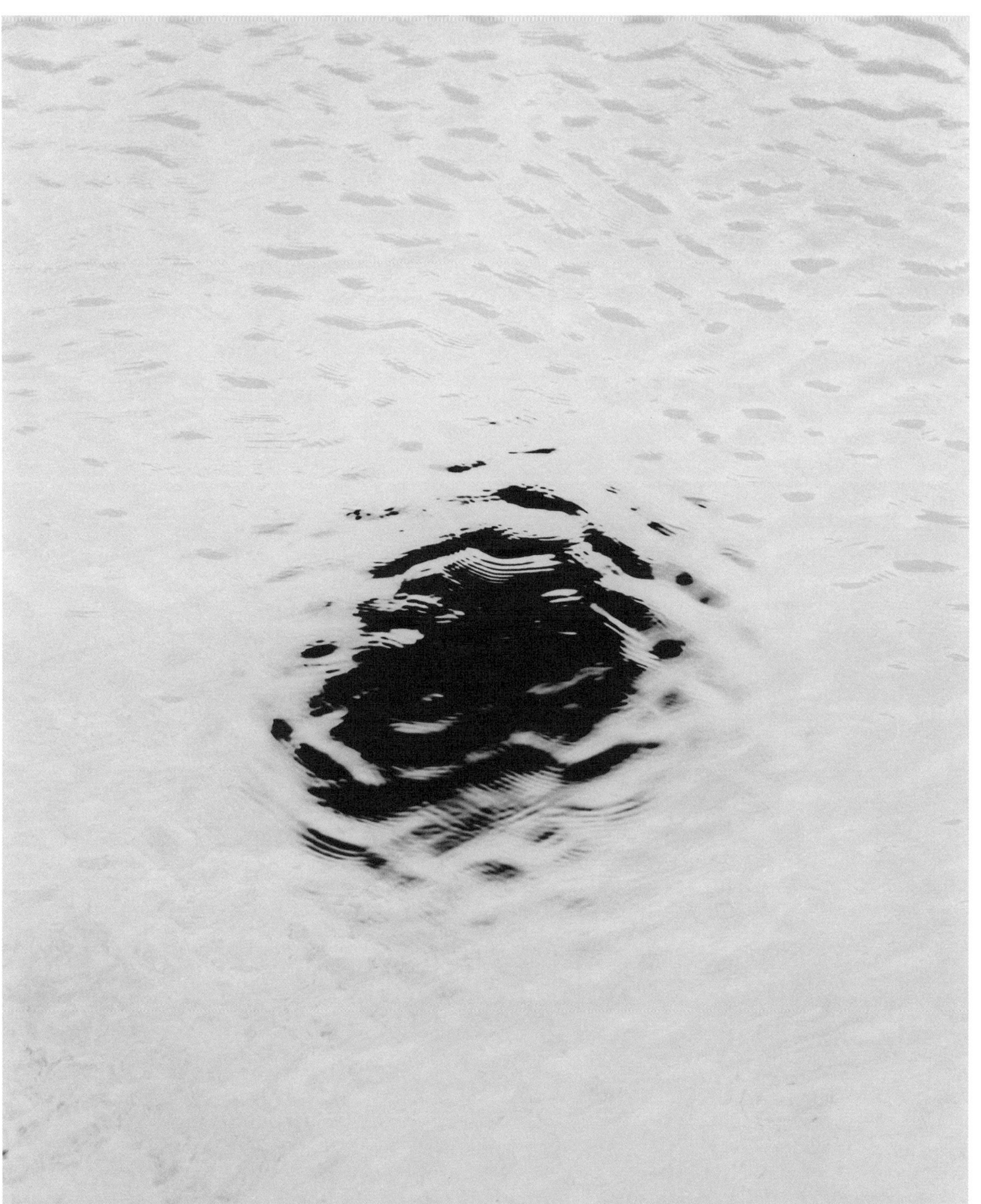

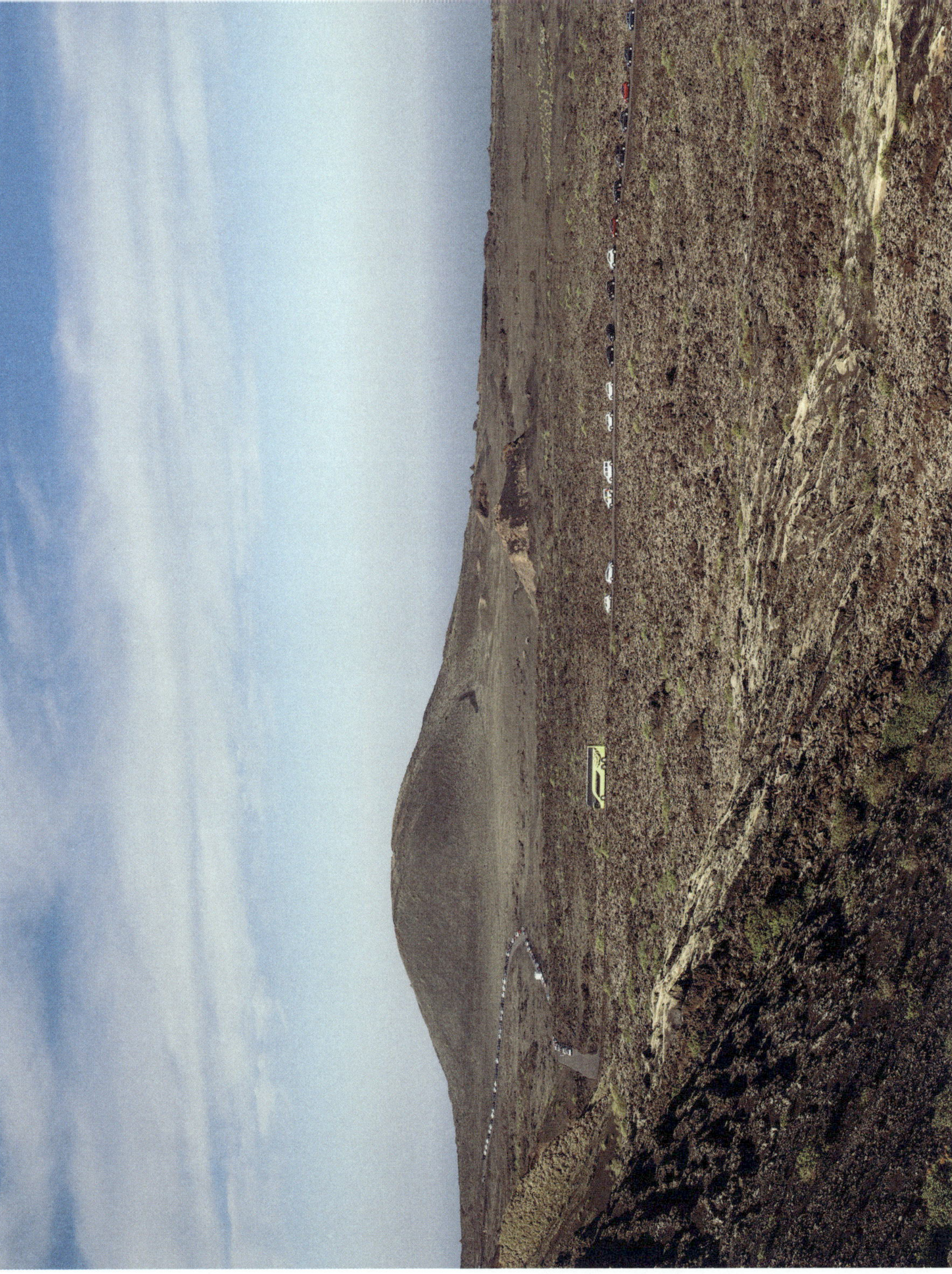

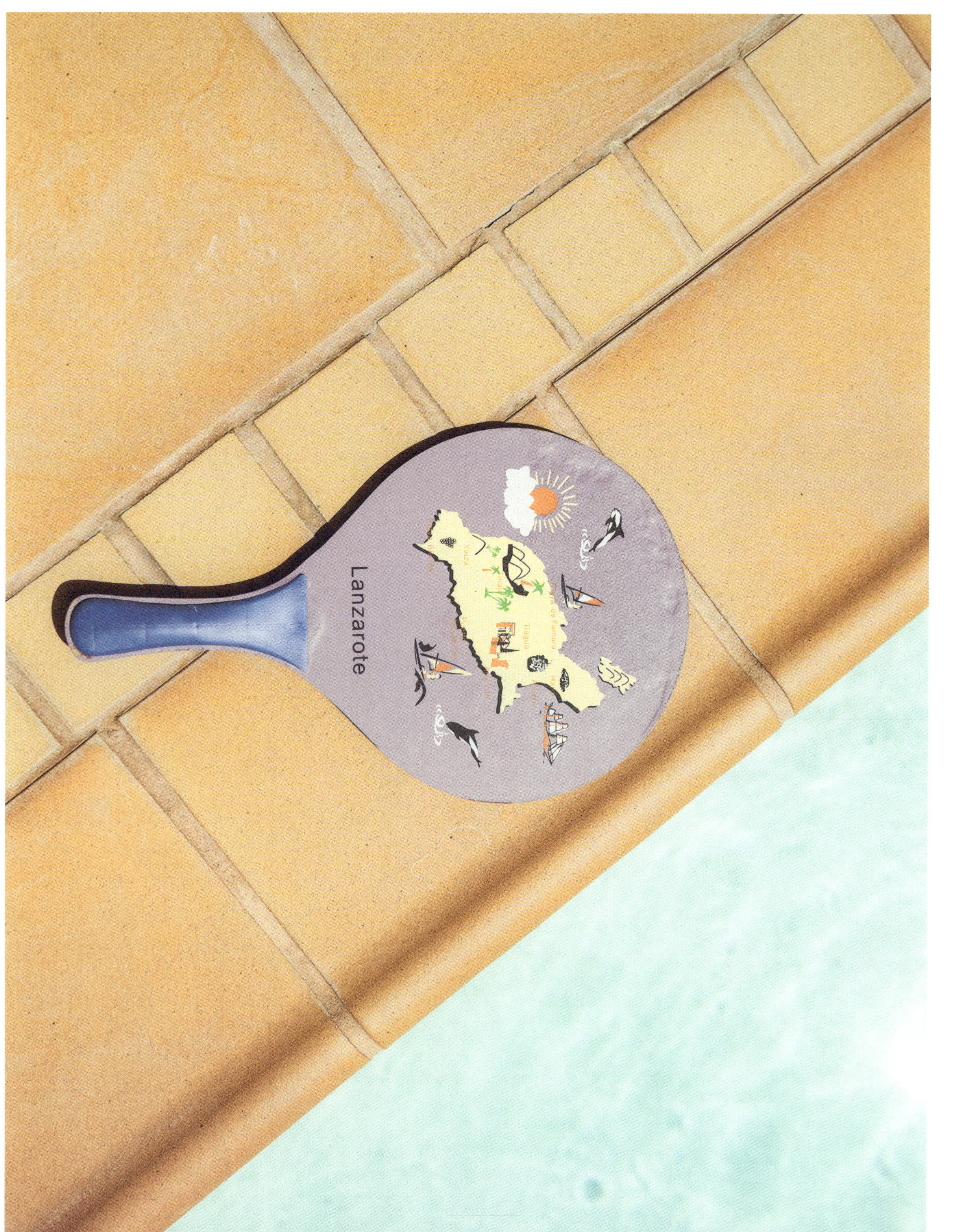
Lanzarote

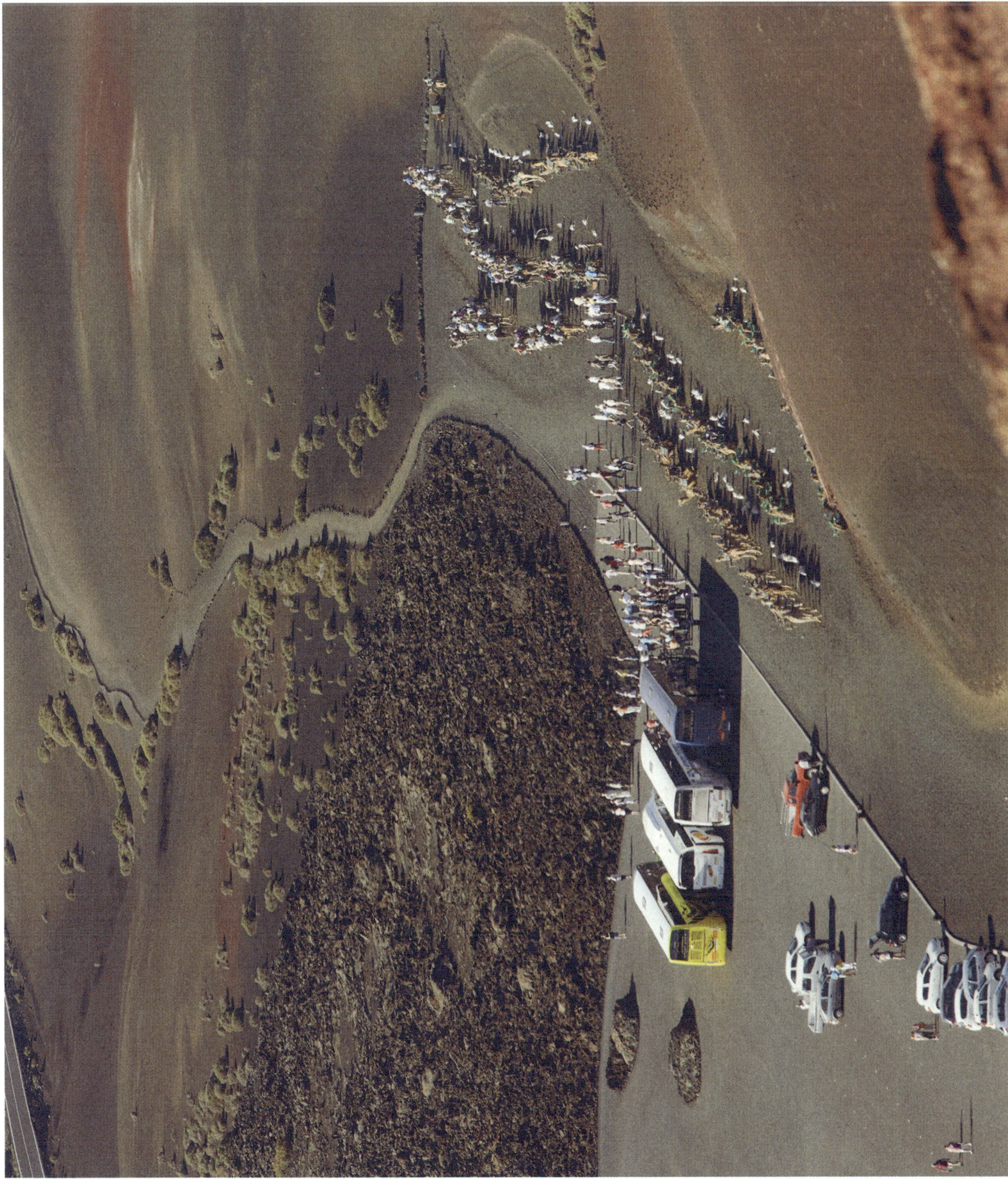

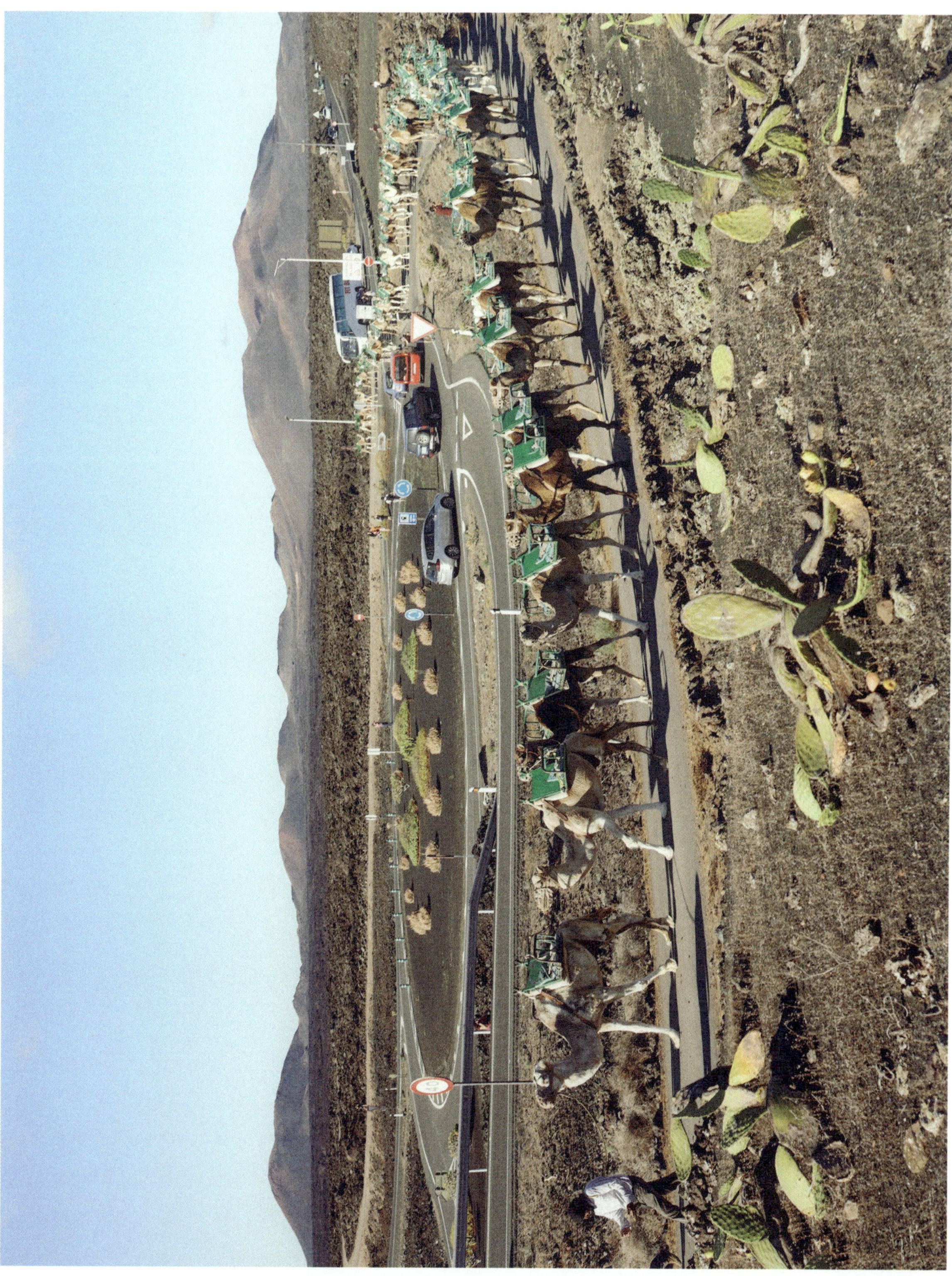

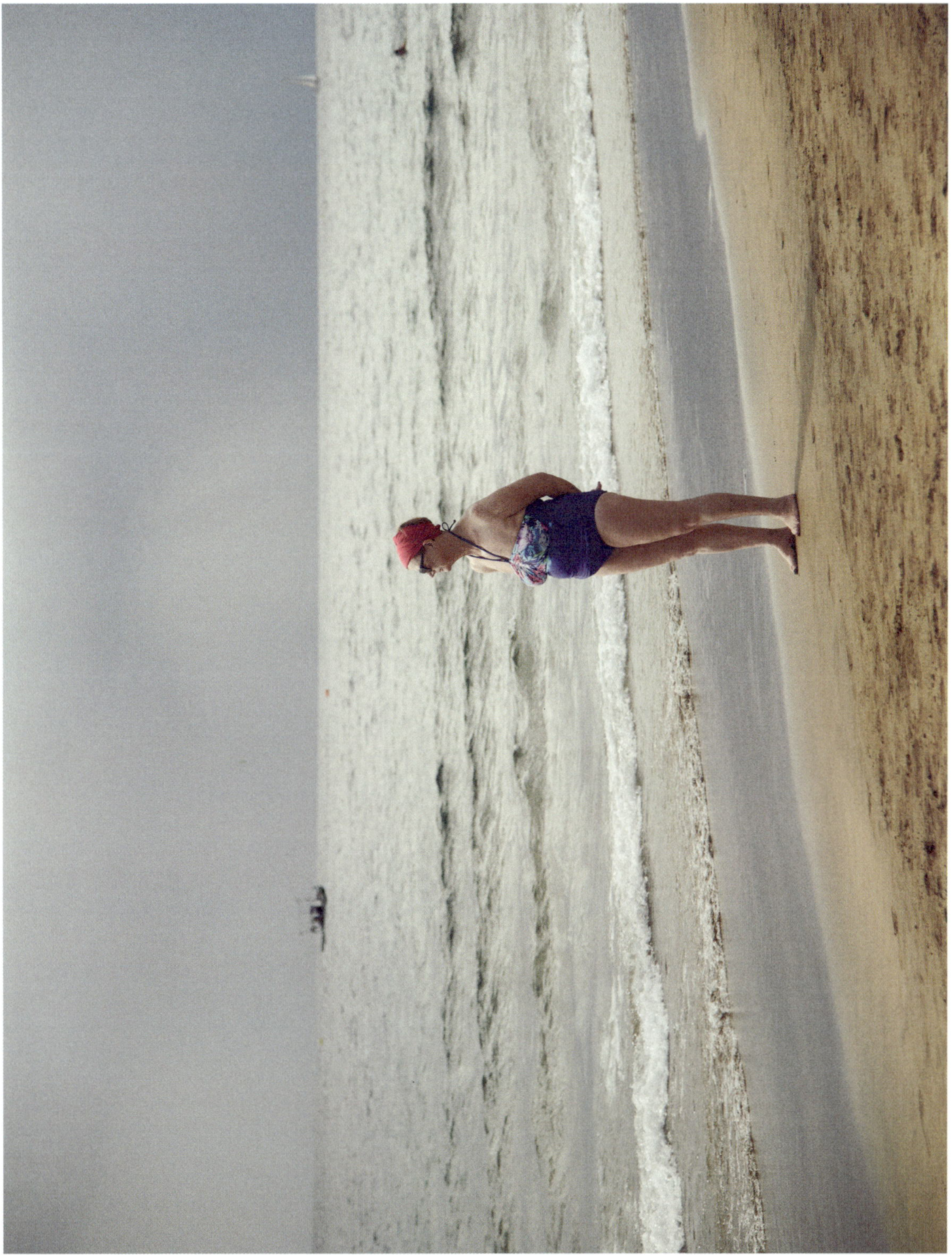

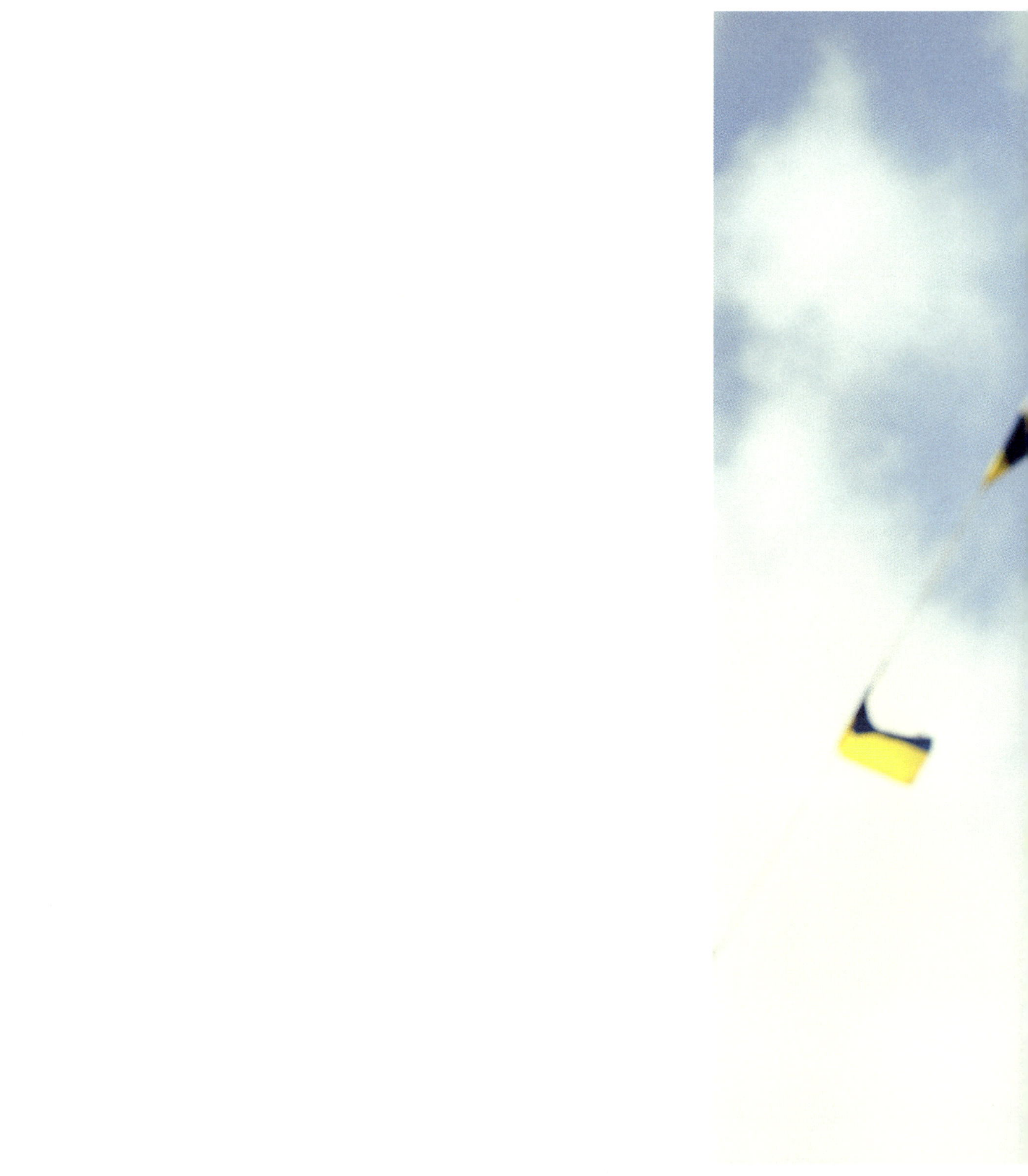

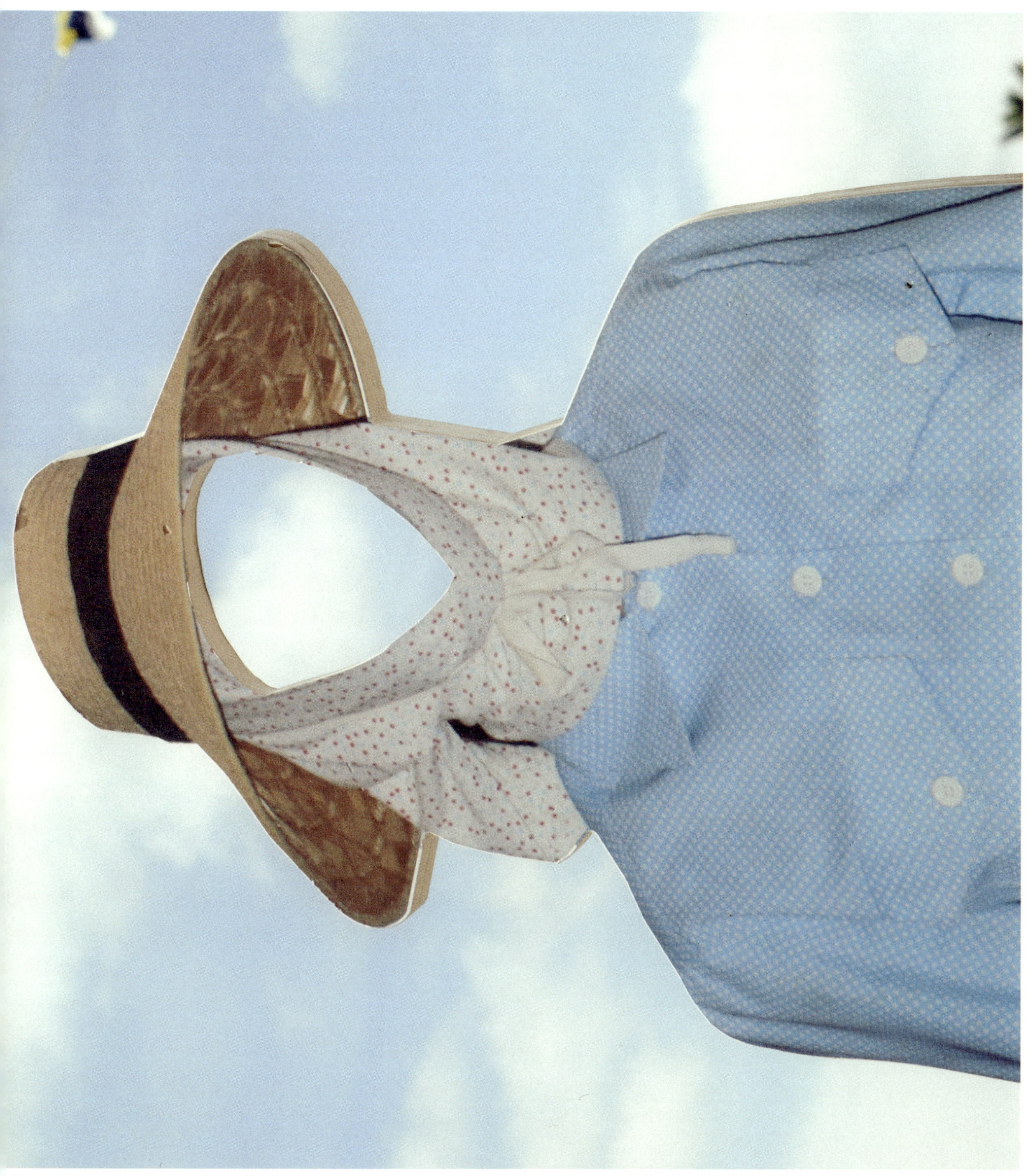